Landry Mestrallet

Un albatros !

Indiesis éditions

Souvent, pour s'amuser, les hommes d'équipage
Prennent des albatros, vastes oiseaux des mers,
Qui suivent, indolents compagnons de voyage,
Le navire glissant sur les gouffres amers.

À peine les ont-ils déposées sur les planches,
Que ces rois de l'azur, maladroits et honteux,
Laissent piteusement leurs grandes ailes blanches,
Comme des avirons traîner à côté d'eux.

Ce voyageur ailé, comme il est gauche et veule !
Lui, naguère si beau, qu'il est comique et laid !
L'un agace son bec avec un brûle-gueule,
L'autre mime, en boitant, l'infirme qui volait !

Le poète est semblable au prince des nuées
Qui hante la tempête et se rit de l'archer ;
Exilé sur le sol au milieu des huées,
Ses ailes de géant l'empêchent de marcher.

       Charles Baudelaire.

Il n'y a pas d'affection sans humilité. Elle adoucit, réconforte, renforce. L'affection est donc bien une caractéristique divine.

Landry Mestrallet

Chapitre 1

Je me sens tellement aigri parfois, dans les moments de ma vie où je manque de confiance. Qui n'a jamais connu le sentiment provoqué par des remises en question, des regrets ou remords, des difficultés qui bousculent l'habitude pour ouvrir une perspective difficile à accepter ? Je suis sûr que ce sentiment s'est déjà animé dans celui qui est si sensible comme dans le plus dur en apparence. Je parle de ces durs qui ne le sont pas dans le fond pour la plupart, qui se parent juste comme ils le peuvent pour faire face à l'adversité. Vous savez donc de quoi je parle.
Dans mon cas, ce sentiment de doute mêlé au regret me bouleverse quand il s'agit de parler des études, de l'école et du fait qu'il faille s'adapter. Il dure une minute comme deux jours, il diffère en intensité mais

est récurent, il semblerait qu'il fasse partie intégrante de moi maintenant. Quand on perd la vue, on devient un aveugle. Quand on perd son logement, on devient un sans domicile fixe. Quand on a un emploi qui ne permet pas de vivre décemment, on est un travailleur pauvre. Quand on a raté sa scolarité et qu'on n'a pas de travail à cause de cela, on est un frustré. J'appartiens à cette dernière catégorie qui me semble collectivement reconnue comme sont reconnus les aveugles, pauvres, SDF.

Il est intéressant de retourner dans l'enfance se rappeler quel métier souhaitaient exercer nos camarades de classe. Mis à part mon voisin du premier étage qui répondait « Moi j'veux faire clodo », et certainement d'autres exceptions comme mon petit frère qui voulait être « camion de poubelle » et mon grand cousin qui était parti pour être camionneur mais qui est expert-comptable pour de grands comptes, nous partons pour la majorité vers un désir de réussite sociale, économique, dignité ou prestige, vers de l'intelligence ou une certaine noblesse.

Président, docteur, vétérinaire, pompier, policier, instituteur, astronaute, pilote d'avion, sont tellement convoités par les enfants ! mais pour la plupart ces devenirs deviennent du rêve. Ils avaient tous le potentiel d'être ce qu'ils voulaient être. Bien sûr certains ont changé d'avis par maturité, mais combien malheureusement ont dû abandonner leurs buts parce que d'autres avaient jugé, pour eux, qu'ils avaient vraiment intérêt à changer d'avis ?

Moi, je voulais d'abord devenir curé. C'est-à-dire être religieux, être prêtre avec une cure et servir mon Seigneur. Quand j'ai réalisé que les prêtres catholiques ne pouvaient pas se marier, alors que j'avais déjà baissé la culotte d'une petite voisine dans un cagibi et que vivre sans femme me paraissait illogique, j'ai eu le désir de devenir boulanger. Métier noble que celui de boulanger. J'avais la chance d'être ami avec Paul le boulanger du quartier qui m'apprît beaucoup et entretînt ma passion du pain.

Pour résumer, de quatre à six ans je voulais être curé, et de six à quatorze ans je voulais être boulanger. Ma vie aurait pu être tracée bien droite et propre. Mais pourquoi suis-je frustré ? Parce que le système social, sociétal ne m'a pas simplifié la vie et c'est ce que je suis parti pour vous raconter. Vous vous reconnaîtrez peut-être dans ce livre, ou reconnaîtrez un ami, un ancien camarade. Je ne me plaindrai pas.

Parfois, on se sent seul. Une chose est sûre : chacun de nous est unique. C'est quand on oublie la valeur merveilleuse de notre caractère unique qu'on se sent seul. Pour éviter cela, il ne faut pas juger de notre valeur avec le regard de l'autre car l'autre ne sait pas vraiment qui l'on est ; nous pouvons nous-mêmes le savoir mieux que quiconque. On appartiendra toujours à des minorités et à des majorités. La grande majorité des yeux dans la jungle à l'extérieur est fainéante. Soit on se reconnaît partout et l'autre peut trouver cela vulgaire, soit on ne peut se retrouver nulle-part et l'autre peut trouver cela misérable. Mais lequel est le plus misérable ? Lequel réussira vraiment dans la vie ? Et qu'est-ce que réussir ? Est-ce que l'on peut facilement être soi-même à la fois pour soi et derrière le regard de l'autre ? Il y en a pour qui il est tellement difficile de se sentir normal et de ne pas être reconnu comme anormal, celui-là est souvent victime de tout un système ou personne et tout le monde, presque chacun comme presque aucun n'est coupable (phrase compliquée pour simplement dire qu'on n'est pas neutre). Vivre heureux est un noble et beau désir, est-ce mal de chercher qui sont les responsables de l'échec ?

Chapitre 2

Mes parents étant séparés depuis mes premiers jours, j'avais une demi-sœur du côté de mon père, ou sœur consanguine. Celle-ci m'eût écrit quelques cartes postales durant l'enfance – et je m'en réjouissais ! Ma mère était mariée à un chef de rayon et faisait une très bonne intendante. Nous vivions dans un cinq pièces d'une résidence privée munie de parcs bien entretenus et d'allées fleuries avec mon frère et ma sœur utérins. Ma mère conduisait une Fiat Panda et son mari une Fiat Croma. Chez nous régnait l'ordre. Mon père et sa copine étaient chômeurs alcooliques vivant en HLM. Ils possédaient une Renault 4L. Chez eux, nos dessins pouvaient s'accrocher aux murs de la cuisine, le dessert pouvait être mangé même si le plat de coquillettes demeurait intouché. L'eau du robinet rem-

plaçait le liquide de refroidissement dans la 4L. Un jour, on devait être à la moitié du mois de juillet, la mère de ma sœur consanguine me déclara après avoir fait les comptes sur la table du salon :
« Il reste moins de 150 francs. Pour terminer le mois. C'est pas beaucoup, hein ? »

Cette petite description comparative juste pour exprimer la différence de milieu entre celui dans lequel j'ai grandi de mes deux ans à mes onze ans et celui dans lequel j'ai passé une partie de mes vacances. D'un côté ma mère, de l'autre côté mon père. Quand le yin et le yang sont importants pour l'équilibre, les différences entre père et mère qui tiraillent l'enfant ne le sont pas. Surtout quand chacun tire l'enfant vers lui. Il y a des enfants dont les parents se séparent à l'adolescence. C'est déchirant, c'est certain. Le débat peut être long et douloureux quant aux motifs de séparation jugés respectables. Sincèrement, la sagesse ne permet pas la séparation quand on a un enfant. Comment se peut-il que la permission soit donnée de faire un si grand mal ? Est-il sage de répondre au mal par un mal pire ? Si l'on pense que notre bien-être est plus important que celui de nos enfants, quel égoïsme alors ! Quel manque de vision, de perspectives pour la descendance et la société entière ! Quel mépris pour les ancêtres qui se sont donné tant de mal ! Que pen-

ser d'un trésor que l'on nous lègue que l'on va dilapider dans un supermarché discount ?
Et il y a ceux qui, comme moi, ont toujours connu des parents séparés et se sont habitués au clivage père/mère. Il y a des gens qui vivent dans un appartement où règne une odeur que l'on ne supporte pas, qui coupe le souffle quand on y pénètre. L'invité suffoque mais l'hôte, malgré son odorat, ne constate rien tant il est habitué. Comme l'aveugle de naissance ne se plaint pas de ne pas voir. Pourtant l'hôte est aveugle et son logement pue. Pareil pour moi, ça puait et je ne voyais rien. Mais bien sûr que je ressentais un malaise. C'est évidemment triste pour un enfant d'attendre son père en retard pendant des heures alors qu'il ne l'a pas vu depuis un an. C'est triste de retenir la promesse d'un père qu'il va venir le voir cette année chaque année, d'en rêver et que cela reste un rêve. C'est triste de se mettre à pleurer parce qu'on n'ose pas dire à son père qu'on veut rentrer chez grand-père et grand-mère parce qu'on se sent mal chez lui.

Donc, ma sœur consanguine m'envoyait des cartes postales. « Regarde, ta sœur, elle, elle ne fait pas de faute ! Prends exemple ! » Bon, alors, j'ai retrouvé des cartes de ma sœur et elle faisait des fautes. Je ne la dénigre pas, vous avez compris que je faisais plus de fautes qu'elle. Simplement, elle était première de sa classe. Pas moi ! Nous faisions tous des fautes, mais moi plus ! Donne-moi tes notes et je te donnerai ta valeur. Non mais les valeurs à donner aux enfants sont-elles bien choisies ? On commence la vie à être classés socialement selon des chiffres. Comment, avec une telle habitude, faire comprendre que le nombre du QI ne représente pas la valeur d'une personne ? Ou même que les notes peuvent ne rien avoir en commun avec le QI selon cette logique primaire ? Toujours cette idée de classement dans les classes, avec des étiquettes, parce que c'est plus facile. Ce ne serait pas un problème en soi si les autres valeurs humaines et les équilibres sociaux-culturels étaient magnifiés.

Ce qui est embêtant, c'est l'autre mensonge que l'on ne remarque pas quand on est enfant. Ma sœur était chez les pauvres, les vraiment pauvres. Je n'ai rien contre les « pauvres pauvres » quand ils ont du respect. Quand ils n'ont plus de respect ils sont trop pauvres pour que j'arrive à les supporter. Mais je parle là des pauvres pauvres, pauvres financièrement et pauvres de leur situation. Ma sœur était chez les pauvres pauvres, chez les noirs et les arabes en fait. Moi j'étais chez les moyens. Et là apparaît clairement un problème ! Ma sœur était certainement la première de sa classe de pauvres pauvres, elle aurait clairement été dans un autre classement chez les moyens !

J'étais nul à l'école. Ma sœur était forte à l'école. Mais c'était un mensonge.

Alors les choses auraient dû bien se passer pour moi! En effet, j'étais du bon côté, l'ordonné et correct. Pas de soucis pour manger, pour s'habiller, personne pour me dire que ce monde est une jungle, et mon avenir de boulanger m'attendait paisiblement. Je demeurais dans un état qui pouvait sembler qualifiable de « normal ». Et c'est aussi révélateur d'un problème : Quels signes alarmants faut-il pour une attention réelle et spécifique ? Que faut-il pour être crédible en cas de détresse quand tout semble normal ? C'est un problème quand on appartient à la classe moyenne, n'importe qui de vraiment consciencieux t'abandonnera pour s'occuper de ceux qui en ont le plus besoin. On peut dire que nous avons évidemment tous des problèmes et qu'il est impossible de s'occuper de chacun. « Les 'instits' ne sont pas là pour faire du social !» Ah oui, vraiment ? L'élève est à l'école toute la journée, et elle est sur son dos dans un cartable, et à la maison quand il faut faire les devoirs. La plus grande partie du temps éveillé est passée à l'école, et l'instituteur, le professeur n'y seraient pas pour faire du social ? J'ai souvent entendu que l'école nous forme pour la vie en société et que c'est d'ailleurs un très bon motif pour ne pas tolérer qu'on s'en détache quand rien ne va plus. Qui va faire du social si ce n'est l'instit' ? Non, ce n'est pas forcément une bonne chose, il est certain que le meilleur que l'on souhaite est un monde sans problème, sans cas trop particulier, plein de fraternité, d'intelligence et de cohésion, un monde où les enfants ne pâtissent pas des erreurs de leurs parents. Ce monde n'existe malheureusement pas et les instituteurs et professeurs doivent malheureusement faire du social.

Au collège, plein de détresse et de confusion, j'avais pris rendez-vous avec la psychologue et conseillère d'orientation de l'établissement. Elle m'a posé quelques questions, en a conclu par « alors tu as de la haine certainement », j'ai répondu que « non, une certaine colère ». Je l'ai surprise à regarder furtivement l'heure à sa montre puis soupirer en cachette derrière ses doigts. Elle m'a signifié que ce que je lui racontais l'intéressait, j'ai répondu qu'elle essayait parce que c'était son métier mais qu'elle avait surtout envie de quitter son travail parce qu'il était l'heure. Elle a acquiescé, j'ai parlé à une sourde ou handicapée d'autre chose. Elle ne m'a pas compris, pas soutenu, pas aidé, pas orienté. Ah si, elle m'a demandé quelle image du travail mes parents m'avaient transmise. C'est ce jour-là que j'ai réalisé que l'image du travail enseignée dans mon foyer était mauvaise, tellement peu motivante, et que c'était important en gravité.

Je ne m'étais pas donné moi-même beaucoup de volonté à travailler à l'école. Et si ma famille proche ne m'avait pas appris à aimer le travail, l'école encore moins voire pas du tout. Pourtant j'avais tellement lu dans mon enfance. Peu de romans (Voyage au centre de la terre, Les voyages de Gulliver, Gargantua et des poèmes pour presque tout) mais énormément de livres encyclopédiques, sur la minéralogie, la volcanologie, la cosmologie et tout ce qui me permettait de comprendre l'univers et auxquels j'avais accès. Où ? À la maison. Et à l'école ? L'école où on apprend, où on passe tant de temps pour notre développement et notre intégration ? Tellement peu, mis à part l'apprentissage de l'ennui, de la patience et du mal-être.

J'ai rencontré un jeune homme de quatorze ans l'autre jour, très vif d'esprit, plein de pertinence, vraiment intelligent qui m'a confié qu'il avait été le dernier de sa classe à savoir lire. Il avait pourtant fait des efforts à l'école pour suivre, comprendre, apprendre, savoir, au moins pour son amour propre parce qu'il n'y a pas de fierté à être dernier. C'est pendant les vacances, à la maison, qu'il a appris à lire. Cela signifie que, très tôt dans sa vie, alors que l'école était là pour lui apprendre l'essentiel : lire, elle n'a pas réussi. Il a donc perdu du temps à l'école. L'école a donc été, alors qu'il était un enfant, une voleuse de temps ou un frein, un obstacle. Mais il paraît que si l'école est un obstacle pour une minorité, comme elle est l'école de la majorité, ce n'est pas significatif parce qu'elle fait son devoir et que ce n'est pas la minorité qui doit la freiner ou la changer. L'école est comme un grand monstre sourd qui hurle son haleine fétide. Elle en tue beaucoup par une torture lente, elle attire par ses mensonges, emprisonne et digère lentement. Quiconque est différent et n'a pas de stabilité à la maison est une proie facile. L'école, en effet, n'aime pas la différence. Elle en fait une certaine promotion, parle de diversité culturelle et ethnique, la constate à sa manière «socialiste» et en fait une valeur. Mais c'est l'école de la République : *Liberté, Égalité, Fraternité*. Il y a beaucoup d'attachement à l'Égalité en France. Premier grand problème : beaucoup de personnes ont du mal à bien saisir qu'Égalité est purement idéologique et a trait au regard et à la considération. Deuxième grand problème : On oublie beaucoup trop de bien appliquer Fraternité et Liberté. Les trois termes Liberté, Egalité, Fraternité sont beaux, ils ont beaucoup de grandeur, ils sont nobles. Ils sont trois et inséparables. Il y a quelque chose de trinitaire, l'un ne va pas sans les autres, ils sont liés, ils fonctionnent ensemble. On se retrouve donc avec une école ou une société qui veut que l'on soit égaux, alors que c'est l'autre qui est différent qui doit être considéré notre égal.

Au cours moyen, un instituteur nous avait donné comme consigne de trouver une nouvelle devise pour la France en trois mots. J'avais beau réfléchir, je ne trouvais pas mieux ; cette devise, *Liberté-Egalité-Fraternité*, me convenait très bien. Si on me demande de faire de la purée d'une pièce montée, je refuse. Le professeur a insisté pour que je trouve quelque chose, j'ai fait semblant, j'ai dit que je trouvais *Liberté-Egalité-Fraternité* très bien et que je ne pouvais pas faire mieux et il m'a exprimé son mécontentement. Cet instituteur nous avait en fait demandé de déconstruire la devise de la République qui le nourrissait. Il aurait pourtant pu aisément, après que chacun ait juste essayé de trouver mieux, nous montrer pourquoi cette devise est belle, respectable et à appliquer. Mais il ne l'a pas fait.

Je collectionnais les minéraux. On m'en offrait, j'en trouvais, j'en conservais à l'abri et en exposais sur le bureau et la commode, je leur consacrais du temps. Ils étaient beaux, naturellement parfaits. Ils m'ouvraient la porte de la physique avec leur dureté, leur transparence, leur état modifié par la pression. Ils m'ouvraient la porte de la chimie avec leurs oxydes qui leur donnaient certaines couleurs, leurs formes causées par leur constitution atomique, les sulfures, les carbonates, les silicates. Ils étaient des livres ouverts sur des millions d'années d'histoire d'une planète que j'aimais, que j'aimais comme une mère. Sa grandeur, sa beauté de jadis et de ses plus grands secrets étaient accessibles, sous mes yeux nus, sous mes yeux au microscope, sous mes doigts. Et j'en ai même encore les odeurs en tête : celle des calcites, celle du soufre, celle de la pyrite, la bonne odeur de gâteau du basalte rouge d'Auvergne.

On m'a reproché de connaître les noms «compliqués» de mes pierres alors que j'étais nul à l'école. C'eût été soit disant de ma faute, une preuve de ma mauvaise volonté si je réussissais à la maison dans ce qui me convenait et échouais à l'école parce qu'elle ne me convenait pas. J'avais trop souvent l'impression qu'on me rendait coupable de quelque chose de façon absurde et démesurée. Comme le jour où, effectivement après de mauvaises notes et quelques leçons non apprises, l'institutrice tira mes cheveux à deux mains en secouant si fort que j'en eus mal à la tête, disant: « Quand est-ce que tu vas prendre du plomb dans le crâne ! » Comme le jour où le professeur d'anglais, effectivement après que je me suis trompé d'exercice, a dit à la classe, après m'avoir tiré mes cheveux si fort que j'en eus envie de pleurer : « Vous verrez quand vous m'apporterez des oranges en prison ! » Comme le soir où je suis rentré de l'école en faisant la tête. Pas muet, pas de caprice, juste la tête parce que je me sentais mal. Je me suis pris une gifle de ma mère avec un « Mais arrête de faire la tronche ! »

Un événement m'a certainement sauvé la vie. Il y en a eu bien d'autres, mais celui-là est très important. J'avais commencé le CE2 avec une institutrice infâme. Je me sentais tellement mal. Elle ne m'aimait pas, elle suait la méchanceté à mon égard et je transpirais de trouille. Un jour, tant j'avais peur, je me suis moi-même donné des lignes à copier pour anticiper. Il y avait un garçon noir d'origine africaine dans la classe. Lui aussi avait peur. Un jour, alors qu'il répondait à une question de l'enseignante, sous la pression, ses phrases n'étaient pas très fluides ni bien articulées. Elle se moqua par : « Toi parler petit nègre ? » On pourrait me faire remarquer qu'elle se permettait innocemment de faire cette réflexion parce qu'elle n'avait rien du tout contre les noirs. Alors voici un événement complémentaire : J'ai connu un petit garçon et sa maman. Ce petit garçon, après l'école, se reniflait et demandait à sa maman s'il sentait mauvais. Après enquête, cette mère a su que l'institutrice n'arrêtait pas de dire « Ah tu pues Idris, tu pues » à l'enfant noir. Je parle là de la même enseignante rencontrée quelques années auparavant par moi-même.
Je ne comprenais rien à ses leçons et elle encourageait des élèves à me mépriser en leur déclarant que j'étais

nul. Ce qui m'a sauvé ? C'est quand on a frappé à la porte de la classe, que l'on nous a annoncé l'arrivée d'une nouvelle institutrice et que ceux qui acceptaient de changer de classe pouvaient lever la main. C'était pour moi un jour béni.

À l'école primaire, deux institutrices m'ont fait du bien, m'ont vraiment respecté pour qui j'étais. CE1, CM2. Et j'en suis bienheureux. Il y avait Madame Prigent qui usait d'une pédagogie des plus douces et intelligentes que j'aie rencontrées. Et Madame Pierot qui me respectait et de qui je ressentais de la compréhension. Lors d'un de mes nombreux jours difficiles, elle m'a déclaré « tu es mon chouchou ». C'était un jour de gloire et c'était en classe de neige. En effet, à ce moment-là, je touchais un sommet entouré de gouffres.

Cette dernière institutrice nous avait parlé de poètes, de leur marginalité. Cela me parlait, je me sentais bien avec. Surtout quand elle nous a demandé d'écrire des poèmes à la maison, vu que j'y passais déjà beaucoup de temps. Elle a aimé mes poèmes ! Elle a aimé mes acrostiches sur le printemps ! Elle a avoué ne pas comprendre l'un d'entre eux mais a raisonné par : « C'est normal, il y a beaucoup de choses que les poètes expriment qui sont difficiles à comprendre. » Et quand on devait apprendre des poèmes par cœur pour les réciter, j'étais tombé sur *L'albatros* de Charles Baudelaire ; j'étais content, l'institutrice aussi, nous étions deux à trouver qu'il m'allait bien. Alors imaginez le choc quand, arrivé au collège, le professeur de français nous demanda d'écrire un conte en utilisant des personnages qui ne soient pas humains, après que l'on ait parlé de *Le lièvre et la tortue* de Jean de la Fontaine. Madame s'est placée derrière moi pour lire mon brouillon. Je racontais une course entre la brise et la tempête. Je ne m'en souviens pas avec exactitude, je me rappelle sa morale et le sens profond de leur épreuve. Elle a jugé mon brouillon et m'a affirmé que ça n'avait pas de sens d'opposer la brise à la tempête, tous deux étant du vent, et m'a presque forcé à les remplacer par des animaux. Je n'ai pas accepté.

J'avais déjà quelques tics et quelques tocs auparavant mais cette année-là fut comme un terrain fertile aux reniflements, clignements de paupières, raclements de gorge. Je devais les faire par deux, si l'un était raté je devais recommencer. J'allais souvent jusqu'à huit ou même seize fois. Ah ! il y avait aussi les petits sauts, pieds joints. Je marchais mais devais joindre les deux pieds par un petit saut, souvent. Cela m'entraînait beaucoup de souffrance, c'est incroyable comme nos propres mécanismes peuvent nous faire du mal. Je dirais que c'est similaire aux allergies, qui ne sont que le résultat d'un corps qui lutte trop, et d'ailleurs j'en avais de plus en plus. J'ai réalisé un test chez l'allergologue et réagissais à tout. Il m'a alors frotté le dos avec un objet, une boursouflure est apparue et il en a conclu que j'étais hypersensible. Je l'étais donc du dedans et du dehors.

L'être sensible va répondre de façon plus exacerbée aux *stimuli* extérieurs sur deux plans majeurs : psychologique, physiologique. Quelle réaction est l'association du psychologique et du physiologique? L'émotionnel, bien entendu. Plus une personne est sensible aux *stimuli* psychologiques et physiologiques, plus celle-ci est émotive. Mais cela est mon propre avis. Pour en être sûr, il vaudrait mieux que vous consultiez un bon manuel de psychopathologie.

J'ai su qu'au collège on savait pour au moins une petite partie de mes tics et tocs quand le professeur de sport a dit : « Landry, toujours avec ses petits bruits ! », et quand une fille dans un couloir m'a demandé pourquoi je faisais de petits sauts. À la maison, j'ai eu des « Mais arrête de te tordre le nez comme ça ! », mais c'est tout. Ils ne voyaient quasiment pas à quel point c'était le bazar à l'intérieur de moi et que je luttais contre ces étranges mécanismes toujours plus nombreux et importants.

En fait il faut parler. Ceux qui ne parlent pas finissent pour beaucoup par se suicider ou essayer de le faire. Mais se suicider ne tue pas qui nous sommes, il n'y a que le changement qui permette de tuer ce que nous refusons, avec de l'effort pour avoir le courage nécessaire pour tolérer le temps. En théorie cela semble tellement simple ; mais en pratique, pour beaucoup, aucun médicament ne peut tuer la douleur, que la mort de l'être tout entier. Mais dans ce cas, c'est la douleur qui a gagné, c'est l'ennemi qui est victorieux, mais le problème demeure figé pour toujours. Il n'y a que la vie qui donne victoire, mieux vaut vivre sa propre victoire. En ce qui me concerne, je me soupirais ou criais souvent tout bas que je voulais mourir. Dans ces moments, ce n'est pas moi qui voulais mourir, je ne savais juste pas par quel chemin et avec quels moyens fuir, je voulais tuer le mensonge qui me rongeait. Le mensonge oui, ce que l'on pensait ou faisait penser de moi-même qui n'était pas moi, ce qui me clouait sur le sol d'un monde auquel je n'appartenais pas. Alors j'allais jusqu'à rejeter mon propre reflet, et mon image devenait fade, mes gestes grossiers et mon expression aussi saccadée que mon âme était écorchée. Le soir, seul devant le miroir de la salle de bain, je me regardais dans les yeux et poussais des cris silencieux ; je cherchais les traces de mon moi véritable et lui demandais de sortir de l'immondice dans lequel je suffoquais.

J'avais même pensé à me transformer en « wesh » de style racaille pour trouver une place connue dans le regard d'autrui. Il arrive que l'on cherche à aller à l'encontre du système volontairement parce qu'il devient notre pire ennemi. Si l'on a peu de ressources et un manque de confiance, le moyen qui donne l'impression d'être anti-conformiste, rebelle ... mène à des codes faibles, traducteurs d'une impasse que l'on finit par se construire soi-même. Quand on sait que quelque chose ou quelqu'un va nous tuer à coup sûr, on préfère certainement le faire soi-même. On préfère le suicide que d'être assassiné par son propre ennemi. Mettre des baskets de marque sur coussins d'air, des survêtements de sport, fumer, dire « sa mère la pute ». « Mon réveil a pas sonné sa mère la pute. » « Encore un jour avant le week-end sa mère la pute. » « Ça kindave, on veut bouillave, il a bédave, on s'est réché, c'est des bolosses. » Rien de distingué là-dedans. On se croit anticonformiste dans cet état alors qu'en réalité on l'est énormément. Mais j'ai choisi un autre chemin et pense souvent à ceux qui ont choisi l'autre. Il vaut mieux être conforme à soi-même.

Alors que je faisais énormément de fautes d'orthographe, que j'y voyais trouble, et que j'aimais regarder des émissions littéraires tard le soir en cachette (je zappais quand ma mère sortait de sa chambre), je décidai d'écrire mon histoire. Ce n'est pas ce que vous êtes en train de lire ! J'avais appelé ce livre « Pas perdu* ». À chaque fois que je souhaitais mettre en valeur un double-sens, j'y plaçais un astérisque. Il y en avait un dans le titre parce qu'on pouvait y voir mon pas perdu, lourd et effrayé, et le fait que personne n'est jamais vraiment fini. Ces astérisques pour mettre en relief l'idée que j'étais un paradoxe. D'ailleurs, quand j'ai appris le mot « paradoxe », j'ai tout de suite su qu'il était fait pour moi. Aussi, j'ai écrit et appris à créer des mots croisés et fléchés et réalisé beaucoup de labyrinthes, pour sortir de mon piège. Ces activités m'ont aidé à prendre de la distance, mais le labyrinthe de ma vie était toujours comme inextricable.

Je ne savais pas comment j'allais m'en sortir. Quand le mur du fond de l'impasse s'est imposé, j'étais en 1re. J'aurais pu être en deuxième année de CAP, à ne supporter un milieu scolaire qu'une semaine sur quatre. Mais en troisième le professeur principal l'avait dit : j'avais des capacités pour réussir dans les études et je n'étais pas assez mature pour me retrouver au milieu d'adolescents qui font de la boulangerie à défaut de trouver mieux.

Chapitre 3

Je ne pouvais plus franchir le portail du lycée sans avoir l'impression que 150 soldats du diable cherchaient à me faire crouler sous les insultes et les coups. J'étais réellement malade, même sortir de ma chambre était d'une extrême souffrance. Aller à la poste et traverser une place étaient pour moi de très grandes épreuves. Il fallait juste que je réagisse et que j'arrête de me laisser porter sur le dos de l'injustice. Je devais alors faire « reset » ; je l'ai fait. Je l'ai fait un peu après quelques événements qui ont modifié radicalement mes positions quant à moi-même.

Ces événements ont commencé à la fin d'une heure de cours d'Histoire, à la fin de ma seconde seconde. Mon professeur m'a demandé de venir le voir à son bureau et m'a demandé : « Ça te passe au-dessus tout ça, tout ce qu'on dit... » J'ai répondu : « Ça me passe plutôt en-dessous en fait ». Elle a convoqué ma mère pour un entretien au cours duquel elle a demandé à ce qu'un bilan soit fait chez un psychologue pour moi. Elle a dit m'avoir bien observé pendant plusieurs mois et qu'elle pensait avoir compris pourquoi j'étais « ascolaire ». Je n'ai pas bien compris ses allusions et ses sous-entendus, parce que ça semblait aussi fou que vrai et les deux s'annulaient dans mon esprit. Sur le chemin de la maison, ma mère m'a dardé par : « Tu te rends pas compte de tous les soucis que tu causes ! »

Plus tard dans le même mois, j'étais dans un cabinet de psychologie, stressé et angoissé terriblement à répondre à des questions, compléter et répéter des suites, chercher, trouver, positionner, ajouter, soustraire, reconnaître, regarder par la fenêtre du cabinet de laquelle je pouvais voir mon immeuble.

Une semaine après le dernier rendez-vous, mon professeur a pu avoir les résultats du bilan qu'elle a partagés au conseil de classe. J'ai eu honte, me suis senti insulté quand, dans le couloir, la déléguée de ma classe qui avait participé à la réunion m'a appelé tout haut par : « Alors mon petit surdoué ! »

Surdoué est un terme terrible ! Surdoué en quoi, comment et pourquoi ? Passer du statut de fainéant pas bien doué à surdoué, c'est violent ! Même si, au fond, vous saviez que vous n'étiez pas si idiot que prétendu. Ma grand-mère l'avait bien dit quelques années auparavant après avoir vu une émission de télévision sur les enfants « précoces » ; j'en avais faussement ri, d'autres s'étaient beaucoup moqué. Nous ne sommes pas surdoués. Quand j'ai essayé d'expliquer ma particularité à ma femme afin qu'elle me comprenne mieux – parce que l'amour sans compréhension est comme du fast food qu'on aurait vomi – et quand j'ai dû, faute de mieux pour éclaircir mon explication, utiliser le terme «surdoué», elle m'a répondu sèchement : «Vraiment ? Surdoué en quoi!». Il y a aussi le terme « haut potentiel» soit souvent dit «HP». J'ai déjà entendu dire HP pour qualifier des habitués des hôpitaux psychiatriques. Et il y a quelque chose de condamnant dans «Haut potentiel», c'est l'idée qu'on a un haut potentiel et donc que, s'il n'est pas ou ne semble pas utilisé alors nous pouvons être catégorisés de paresseux, peureux, indécis, incapable d'être ce que l'on peut être. Sinon, «surefficient mental» est aussi employé. Je le préfère. Il est plus neutre, avec son allure de terme médical, scientifique. Il exprime bien ce qui se passe dans la tête, que parfois ça grouille trop, que l'on ratisse trop loin, mais sans idée d'échelle, sans hiérarchie, laissant libre au handicap ou au don. En fait, bien que je m'inhibasse même de l'intérieur, tout était très fort en moi, très dense, rapide. Nous étions même nombreux mais courtois. Quand on pose une question qui nous paraît toute simple à quelqu'un qui met longtemps à répondre ou qui répond complètement à côté, il est plus facile de croire qu'il est trop bête plutôt que d'imaginer qu'il se passe trop de choses dans sa tête pour qu'il réponde normalement. Carl Jung - qui n'est pas n'importe qui – a dit à ce sujet : « Le problème que pose l'enfant doué est loin d'être simple. Cet enfant ne manifeste pas ses dons uniquement en étant un bon élève. Il arrive qu'il ne le soit pas du tout (…) Si l'on se contente de l'observer de l'extérieur, il arrive que l'on ait beaucoup de peine à le distinguer du faible esprit ». Il est vraiment important de comprendre qu'il n'y a pas de quoi voir de l'infériorité ou de la supériorité entre les «surdoués» et d'autres, même si Carl Jung parle de «faible esprit» et que certains «doués» oublient leur devoir et se perdent dans l'orgueil et dédaignent ; il n'y a vraiment pas de quoi. Tout d'abord, il est difficile d'être surefficient mental. On est bien seuls et se sent bien seuls, à notre rythme, avec notre façon d'appréhender et de conceptualiser ; mais, quand on se retrouve au milieu d'une vie sociale normalisée par le fait qu'elle représente un échantillon de la société (une classe d'école, un amphi de première année de psychologie, la salle de pause d'une grande surface…), faire l'effort constant de se ralentir, essayer de se mettre à la place de l'autre, changer ses habitudes, tenter de modifier son mode de pensée pour se sentir dans le même monde est très difficile. Mais si cela demande des efforts, ce n'est pas que nous sommes mieux, c'est juste que nous sommes différents. Quand je vois une chose, je la ressens et vis des événements en moi-même. La musique est pleine de couleurs et de textures. Quand on me parle, je vois les mots, d'autres mots, les ressens, modélise avec des formes tridimensionnelles – parfois en même temps au cœur de ces formes et avec ses liens avec d'autres formes –, et il y a plusieurs résultats qui s'imposent à moi avant que je comprenne ce que l'on me demande vraiment. De ce fait, si l'on me donne une instruction simple sans que je sache bien pourquoi, mon cerveau se met à fuser. Et c'est alors l'incompréhension à l'école, au travail, dans la famille. Cette façon de fonctionner, avec synesthésie, avec les souvenirs qui remontent de scènes plus claires que quand j'y étais, avec l'âme comme une éponge qui s'imbibe en tout lieu et à tout moment, avec les scènes qui se jouent à l'esprit au moindre mot entendu, et ce mot qui s'écrit dans l'esprit et qui me perturbe en s'écrivant flou puis en plusieurs versions quand je n'en connais pas l'orthographe.

Cela m'a demandé beaucoup de travail, c'était une grande et belle tentative d'évasion. Qui mieux que moi-même me connaissait ? Personne. Parfois on en doute, mais en vérité si, personne que soi-même ne peut mieux connaître soi-même. Je devais donc cesser d'écouter les propos qui allaient à mon encontre. Et ce décalage, cette incompréhension entre moi et le monde, je devais y travailler, donc l'observer pour tenter de m'y adapter tout en restant fidèle à qui je suis. Comment achever un jour ce travail sans recréer des liens avec l'enfant que j'avais été ?

J'ai quitté le lycée avec un projet d'entreprise. J'avais mes logos, slogans, un prévisionnel sur trois années, les emploi-du-temps, les argumentaires, des simulations sur tableur. Le conseiller d'éducation m'a demandé une lettre de démission et m'a expliqué que je ferais mieux de rester dans les études pour être crédible en disant au monde ce que je pense du système après avoir été diplômé. « Tu pourras dire que tu as réussi mais que tu dénonces le système. » Ce n'était pas une mauvaise idée mais il ne comprenait pas à quel point je n'avais pas d'autre choix que celui d'être déscolarisé. Je commençais à apprendre que dans la vie, quand on fait un choix, on fait forcément un sacrifice. Aussi, on ne peut pas être parfait, il y a toujours des gens pour nous juger, mais quand on fait de notre mieux pour faire les meilleurs choix, alors nous pouvons avoir la conscience tranquille et faire abstraction du jugement d'autrui.

Quand j'ai arrêté le lycée, ma mère a retourné ma chambre, m'a pointé un couteau, a descendu ma guitare au garage, m'a reproché avec violence que les allocations allaient nous être ôtées. Mon père, vivant loin, m'a dit que je ferais mieux de ne pas débarquer chez lui au risque de passer par le fenêtre. Mes grand-parents, très mécontents, m'ont demandé quelle mouche m'avait piqué. La mouche de la raison m'avait piqué et ils n'y voyaient que folie. J'avais vraiment besoin de douceur et de compréhension. Tant pis. J'ai aussitôt travaillé dans un supermarché. Moi qui avais tant de mal à sortir – non par paresse ou lâcheté – je me retrouvai à travailler au rayon jouets d'un supermarché en pleine période de Noël, la peur au ventre.

Mon projet d'entreprise avait déjà coulé mais j'ai toujours été prêt à le repêcher. Simplement, j'étais pauvre et seul. Et « fou » ! Après avoir travaillé en grande surface, j'ai commencé un apprentissage en prothèse-dentaire. Et la boulangerie, l'avais-je oubliée ? Non, pas du tout. Avant de m'orienter vers la prothèse, j'ai recherché un maître d'apprentissage. J'ai beaucoup cherché. J'étais très heureux quand un bon boulanger m'a dit ceci : « Je veux bien te prendre mais d'abord, apporte-moi des informations sur les salaires et les conditions. Je l'ai bien fait et il devait me recontacter. Après quelques jours, enthousiaste, je lui ai téléphoné pour savoir s'il avait eu le temps de prendre connaissance des documents. « J'ai réfléchi : je ne prends pas d'apprenti. » J'étais déçu. Et encore plus déçu quand, une semaine après, je l'ai vu travailler avec son nouvel apprenti beaucoup plus jeune que moi.

Un peu plus tard, dans la campagne toulousaine, je suis allé voir un autre boulanger chez qui j'ai commencé immédiatement. C'était un homme bourru, un petit peu fort avec un vieux marcel sale. Il n'était pas agréable mais il était prêt à m'enseigner la boulangerie et m'a très vite annoncé : « Si tu veux, je t'apprendrai la pâtisserie. » Il m'assurait qu'il faisait du bon pain mais selon moi et la majorité du village : non. Après les tâches de manutention comme déplacer les lourds sacs de farine, j'ai compris que cet homme passait son temps à râler et mépriser. Sa vendeuse était débile de s'être coincé le doigt avec le tiroir de la caisse, les autres boulangers étaient des nuls, le maire était un con... Quand j'ai voulu mettre les cartons au tri, je me suis fait morigéner. Il m'a expliqué que les taxes pour les poubelles étaient assez chères comme ça, il m'a interdit de placer les éléments à trier dans les bacs prévus à cet usage alors qu'ils étaient à côté des autres. Mais par chance, il m'a aussi fait pratiquer le métier, comme peser et façonner. A chaque pesée, il fallait taper dans la balance ; mais, de toute manière, la masse indiquée variait de plusieurs kilogrammes selon la manière avec laquelle on posait la farine ou les pâtons. Quand on s'est retrouvés avec des pains de proportions un peu différentes, je me suis fait insulter. Le tapis de la façonneuse perdait de petits morceaux à chaque pâton. « Quand les bouts de toile sont trop gros, tu les enlèves, s'ils sont petits, tu les enfonces un peu plus, après la cuisson ça se voit pas. » Parfois, je me demandais si c'était sa boulangerie parce que, pour tout appareil dysfonctionnant il grognait « C'est pas mon matériel celui-là ». Son réservoir réfrigérant ne fonctionnait pas non plus. Je devais alors verser l'eau tiède puis aller fouiner dans un des congélateurs pour décoller de ses parois des morceaux de glace qu'il me demandait de briser à mains nues en les frappant contre le pétrin. Je lui ai demandé des gants – pas pour le froid mais parce que c'était coupant - qu'il m'a refusés. « Allez ! Plus fort ! On n'est pas des pédés ! » Un matin, alors que je cassais des morceaux de glace contre le métal, je m'écorchai avec l'un d'eux et quelques gouttes de sang teintèrent un peu l'eau du pétrin. Je me précipitai pour avertir mon patron qui sembla s'en moquer, comme il semblait se moquer de l'eau marron avec la mousse infecte où gisaient les instruments en attente de plonge ; l'eau y était croupie comme celle qui stagnait derrière le pétrin. On ne pouvait discuter de rien tous les deux et j'ai décidé un jour de ne plus y retourner. Quelques mois après, j'ai appris qu'il avait été obligé de fermer, certainement après un contrôle d'hygiène, et j'avais donc eu raison de partir. Peut-être qu'il a pensé que je l'avais dénoncé ; mais non, et j'aurais pourtant dû le faire.

Chapitre 4

Je louais un petit studio et ne trouvais pas de travail. Heureusement, ma mère, désespérée par ma situation, m'a mis en contact avec un prothésiste dentaire. Oui, à défaut de faire un apprentissage en boulangerie, pourquoi ne pas le faire en prothèse ? Quand j'ai commencé ma formation, j'ai imaginé une sorte de destinée quand j'ai réalisé que les proportions d'eau et de plâtre pour les moulages en prothèse étaient les mêmes que les proportions d'eau et de farine en boulangerie. Je ne m'ennuyais pas dans cette nouvelle discipline qui fusionnait moulage, joaillerie, course.
Je me sentais mieux, beaucoup mieux, mais c'était toujours la panique pour traverser une place, aller à la poste. Et je me sentais quand même mal, je me sentais retenu par ma mémoire. Je n'avais jamais aimé habiter

la région et je comptais m'en éloigner, certain que ça me ferait énormément avancer dans ma guérison.

Mon patron était un petit peu comme le précédent en boulangerie mais propre, plus intelligent, et franchissant les obstacle, hurlant ou frappant. Comme la fois où il a cassé des dents à son assureur qui l'escroquait de quelques dizaines d'euros. Comme quand il a hurlé sur un automobiliste pour lui faire signer un constat pré-rempli alors qu'il était en tort. Comme quand il gueulait, d'un cri gisant du fin fond de son corps carbonique, à trente centimètres de moi, pour que j'arrête de faire des bulles dans les moulages. Mais il ne m'a jamais fait peur. Il disait ce qu'il pensait à sa manière, moi aussi. Je l'aimais et l'aime beaucoup. Payé 53% du SMIC, je devais attendre d'avoir les moyens de partir. Alors j'attendais. Et pendant mon attente, mon chef m'a demandé : « Landry, est-ce que tu comptes quitter la région ? » Si je lui avais menti, j'aurais pu perdre des dents. Alors : « Oui. »

Quelques jours plus tard, après les cours du CFA, je suis passé au laboratoire pour aider un peu. « Tu vois la blouse à ton établi, Landry ? C'est celle de ta remplaçante. » Il m'a expliqué qu'il ne formait pas quelqu'un qui comptait partir, parce qu'il voyait sur du long terme. Former quelqu'un juste pour former quelqu'un ne l'intéressait pas et je le décevais. J'ai alors fait connaissance avec l'Agence Nationale Pour l'Emploi. J'avais du mal à retrouver du travail. J'ai cherché un nouveau laboratoire de prothèse à Grenoble et Bourg-en-Bresse, mais en vain. On m'attribuait 410 à 415 euros de chômage par mois, ce que je trouvais peu pour vivre mais très bien pour survivre, et je pensais avoir beaucoup de chance de pouvoir en profiter. Et du coup, j'ai bien profité de mon temps, de jour comme de nuit. Je voulais me reconstruire sur des bases solides alors suis allé à la recherche de la vérité, ce qui a rallumé ma passion d'apprendre et de comprendre de mon enfance. La lumière brûle quand on n'y est pas habitué, puis on ne peut plus s'en passer, et celle-ci peut être de plus en plus forte, mais petit à petit. Ce fut une aventure passionnante pendant laquelle j'ai créé et présenté une émission de radio.

J'en suis arrivé à l'idée d'émission de radio par cinq chemins à la fois : celui de ma recherche de vérité, celui de la guérison de mes angoisses, celui de faire la connaissance enfin des gens intéressants par mes propres moyens, celui d'éveiller à nouveau mon esprit et de réaliser mon désir d'entreprendre. Dans mon idée, l'artiste, par sa sensibilité, offrait par ses œuvres sa vision et sa compréhension du monde qui l'entoure et, dans ce cas, un artiste à l'esprit sain et au cœur pur permettrait de nous rapprocher de la vérité. Et j'avais redécouvert que le monde est grand et beau, que de nombreuses personnes sont grandes et belles, qu'il y a du génie en chacun de nous.

J'ai décidé d'une émission culturelle. Pour cela, j'ai créé une association et, comme je n'étais déjà plus tout seul, je pris un secrétaire et un trésorier. Une radio locale me demanda un dossier de candidature, ce que je fis. Je présentai une émission culturelle, pour la promotion d'idées et des arts, qui recevrait toutes sortes d'artistes et de concepteurs. J'obtins un créneau de 20 heures à 21 heures chaque vendredi. Durant une année, grâce à ce projet, j'ai pu rencontrer plus d'une cinquantaine de personnes très enrichissantes avec parmi elles des peintres, potiers, réalisateurs, poètes, écrivains, créateurs d'entreprise, galeristes, musiciens, chanteurs, conteurs, graphistes, danseurs.

Je m'étais administré un traitement de choc. Comme je devais apprendre à être spontané et savoir que la honte ne tue pas, que toute celle que j'avais ressentie plus jeune n'était qu'une invention mentale pour m'avertir d'un danger contre ma dignité, je ne préparais pas mes émissions. Je demande pardon à mes anciens invités, je ne voulais pas leur manquer de respect en faisant cela, et je leur suis extrêmement reconnaissant de leur amabilité, leur respect et leur générosité. Certains d'entre eux sont maintenant des copains et des amis ; j'ai beaucoup d'estime pour eux. Merci.

J'ai très vite pu marcher au centre ville sans me sentir oppressé par la présence d'autrui, je parvenais à me mettre en phase avec le monde ambiant. C'était très agréable de regarder loin devant le bout de la rue, marcher à mon aise, et que personne ne me heurte - surtout sans que je ne me heurte moi-même. Je pouvais me promener librement. Il m'était auparavant arrivé de marcher plusieurs heures parce que je ne pouvais pas faire demi-tour, ni prendre à gauche, ni prendre à droite. Je passais aussi devant la porte par laquelle je devais entrer mais continuais mon chemin et marchais encore et encore. Je me piégeais avec des réminiscences du passé aux allures de démons postés sur mon parcours. J'entendais imperceptiblement mais en permanence les échos des paroles qui avaient dit que je suis nul, que je n'y arriverai pas, que je ne fais pas d'efforts, que je ne sais pas faire. D'un autre côté, de ma plus belle voix intérieure, j'entendais : « Et toutes les chansons que tu as écrites ? Et ces gens qui te rencontrent et qui savent t'apprécier pour qui tu es ? Et tes poèmes ? Et ton cerveau qui te permet de comprendre tellement de choses ? Et ta sensibilité qui fait que ton intellect n'est pas un monstre vierge ? Et tu n'es pas si moche que ça ! Allez ! »

Et c'est en visitant Paris pour la première fois que j'ai compris, tout seul anonyme, libre et confiant, à observer la foule et la promiscuité des richesses et des pauvretés, que, dans la vie, on a deux grands choix : celui de se battre en faisant de son mieux, en ayant des objectifs et en essayant de bâtir pour les atteindre, être industrieux et non oisif, ou l'autre choix qui n'est pas le premier. Et c'est là le cinquième chemin qui m'a amené à l'idée d'émission : Beaucoup réussissent à concrétiser une entreprise même si elle paraissait folle, impossible, improbable. Ils ont fait preuve de foi en eux, en leur désir et ils ont réussi. Ah non ils ne sont pas tous peintres ou musiciens à temps plein, ils ont un autre travail pour la plupart ; mais, ce qui est très beau, c'est que ce qu'ils veulent dire n'est pas tu. Et ce ne sont pas vraiment leurs œuvres qui sont belles, elles le sont mais ce ne sont que traces d'eux-mêmes, ce sont eux qui sont beaux.

L'une de mes rencontres, un chanteur, m'a fait monter sur scène pour chanter deux de mes chansons. La thérapie par chocs était à son apogée. Et quelle satisfaction quand on vient spontanément vous voir pour vous dire qu'on a aimé, et quand une semaine après on vous lance : « j'ai eu ta première chanson dans la tête pendant trois jours » ou bien qu'on vous confie : « 'Provence', ce n'est pas qu'une chanson ». Merci à ces gens qui m'ont écouté. Je me sentais mieux mais avais toujours l'intention de quitter la région.

Un soir de concert d'un ami – un chanteur qui a écrit par exemple dans une de ses chansons : « Qui a peur de moi a peur de soi », phrase qui m'a apporté beaucoup d'apaisement quand je l'ai entendue –, j'ai rencontré son fils dont il m'avait parlé plusieurs fois. Un jeune homme à la place devant la mienne s'est retourné, m'a regardé et a dit : « Landry ! » J'ai répondu : « Nathan ? » On ne s'était encore jamais vus et c'était un bon début. Comme il vivait à Grenoble et que je comptais y passer quelques jours plus tard, nous avons pu très vite nous revoir. C'était bien ! Cette personne pleine de sollicitude à mon égard, qui se souvenait de mes chansons qu'il avait écoutées et m'encourageait à continuer, m'a beaucoup touché. Je me sentais bien avec lui. Plus tard, nos conversations par messagerie instantanée se sont transformées en conversations téléphoniques de plusieurs heures, sans ennui, sans manque d'inspiration. C'était comme de la magie pour moi. Je me souviens quand son père, en fin de séance d'une de ses chorales, a évoqué la « belle histoire d'amour entre Landry et Nathan ». Quand mon cher grenoblois m'a proposé de prendre un appartement à Lyon avec lui et un de ses meilleurs amis, je n'ai pas eu besoin de réfléchir.

Ma mère m'a payé la location d'un camion de déménagement. J'ai refusé avant d'accepter parce que j'ai toujours craint ses cadeaux utiles. J'ai trop souvent eu l'impression qu'elle m'achetait des oreillers pour mieux m'étouffer avec. J'étais peut-être trop susceptible. En fait, toutes les phrases qui m'ont blessé étaient pour moi représentatives de ce qui empêchait l'harmonie au foyer, du fait qu'on me prenait pour un autre, ou que l'on me forçait à être heureux d'une chose superflue dont je n'avais pas envie. Par exemple :

« Je vous emmène plus à la mer si c'est pour être remerciée de cette manière ! » Je n'aimais pas aller à la mer, parce que je n'aimais pas rester sur la plage. Alors j'allais sur la digue ou me promener et on me faisait des réflexions désagréables sur ma façon de vivre le littoral. J'avais l'impression que c'était rebelle de ne pas aimer rester sur la plage au soleil pour enchaîner bronzette et baignade. Donc je préférais ne pas y aller avec eux, mais j'y allais, sinon ça aurait paru plus rebelle et ma mère l'aurait mal pris. Alors quand retentissait le « Je vous emmène plus à la mère si c'est pour être remerciée de cette manière ! », je protestais dans mon cœur, silencieusement je demandais si elle me connaissait et si elle essayait de comprendre que nous sommes différents, je m'indignais qu'on puisse signifier qu'en essayant de faire plaisir on attend un retour. Est-ce que les autres cadeaux étaient vraiment désintéressés ou avaient-ils tous un autre but que celui de rendre heureux ?

« Tu te rends pas compte de tous les problèmes que tu causes ! » Cette phrase, je vous en ai déjà fait part. Elle est très représentative de la situation de l'époque avec ma mère. Prononcée après que mon professeur principal a demandé un bilan pour connaître la source, de source sûre, de mon « ascolarité ». Elle m'exprimait que c'était un problème de diagnostiquer mes difficultés, d'essayer de me comprendre. Et elle m'apprenait que je causais des problèmes ; mais comment ? En étant moi-même. Alors j'étais tout simplement un problème.

« Tu comprends pourquoi on va devoir manger des pâtes ? » Après le divorce de ma mère et du père de mon frère, comme en plein milieu des vacances d'été je me suis mis à me sentir mal, j'ai eu besoin de connaître plus tôt les nouveaux repères qui m'attendaient chez ma mère. Une fois rentré à Toulouse, quand je suis monté dans sa voiture et que nous avons commencé à discuter, elle m'a annoncé qu'il allait falloir « se serrer la ceinture ». Je croyais que le déménagement avait coûté cher, à moins que ce n'eusse été le divorce, ou des réparations ou je ne sais quoi d'autre. Arrivés au nouvel appartement, je découvris ma nouvelle chambre avec nouvelle armoire, nouvelle commode et du linoléum imitation parquet qui symbolisaient pour moi le renouveau. Je commençais à être content quand ma mère me dit : « Tu comprends maintenant pourquoi on va devoir manger des pâtes ? »

En parlant de mère, j'ai encore des thèmes à aborder qui lui sont relatifs.

Quand j'ai cherché à guérir, j'ai très souvent repensé à un cauchemar que je faisais éveillé le soir, de mes sept ans à ma puberté. Il commençait par des chiffres, il y en avait en relief, il étaient à côté d'une droite, je longeais la droite, m'en éloignais pour me rendre compte qu'il s'agissait d'un cercle. Et j'entendais un son, un son étrange, un son qu'on entend quand il y a du silence. Et je commençais à chuter, et le son m'envahissait, et l'infini m'emportait. Je me rappelle avoir crié parfois, et on a essayé de me calmer. Me passer la tête sous l'eau froide était efficace. C'est une fois adulte que ce rêve m'a amené à un traumatisme clef. J'étais assis à ma table de cuisine, très inquiet et avec le désir d'y voir plus clair. J'entendais ma mère crier, longtemps, très longtemps, ça ne voulait pas s'arrêter, et je suis tout à coup tombé de trop haut. Et plus rien. Le silence. Encore peur mais soulagé que ça cesse. Les oreilles qui sifflent un peu. Un de ces événements qui se gravent dans notre mémoire pour la vie entière. Combien de jeunes âmes sont-elles lésées dès leur arrivée sur terre, à vivre avec un malaise permanent plus ou moins consciemment, qui les bride, les trouble, les tourmente ou les inhibe ? Un malaise dont l'origine est si profonde dans la mémoire que vivre malheureux semble normal. Quand on touche à un enfant, on touche à une vie toute entière. Il ne faut pas crier sur un bébé et le secouer parce qu'il pleure trop.

Parfois on regarde des photos d'enfance sur lesquelles on rit, des photos de classe sur lesquelles on semble à l'aise et souriant. J'ai des tonnes de souvenirs dans lesquels je suis heureux, des souvenirs de petits moments, parce que j'aimais les petites choses simples, les grandes choses naturelles, ou de petits événements extraordinaires qui me sortaient de mon quotidien ennuyant. Pêcher plein de poissons dans le ruisseau, plus que mon papa qui l'avait fait exprès. Ne pas assister ma grand-mère qui était tombée dans la neige et qui me demandait de l'aide, le tout avec un humour réciproque. Manger des prunes, mûres, noisettes dans le parc toute l'après-midi. Construire une cabane minuscule en Auvergne. Regarder, écouter l'orage et calculer sa proximité. Retrouver Manu, copain de l'école maternelle, grâce à internet, et voir qui il est devenu. Aller en excursion spéléologique pendant la nuit, atteindre une chambre, y éteindre les lampes. Partir à la mer, depuis Toulouse, à minuit, et rentrer à six heures afin d'être prêt pour le travail. Les funérailles de mon grand-père. L'histoire d'une photographie que mon père avait prise. Ma mère parlant de sa grand-mère. Visiter ma famille éloignée de l'Isère. Contacter tous les Emptoz de France que j'ai pu pour ma généalogie. Chercher des trèfles à quatre feuilles au bord du lac et en trouver des dizaines. Je pourrais bien aisément prolonger la liste sur quelques pages, c'est là aussi le tiraillement, le paradoxe : Étais-je donc heureux ou pas ? C'est là que l'on peut reconnaître la grandeur de la reconnaissance, la recherche de ce qui est bien. La vérité est que j'ai toujours eu beaucoup de chance dans mon malheur, beaucoup. Et je sais très bien que si je ne m'étais pas tourné vers la lumière pour y voir plus clair, si je n'avais pas été reconnaissant dans mon cœur pour tout ce que j'avais de bien dans ma vie, je n'y aurais vu que du noir et serais resté piégé. Je compris que ma mère ne connaissait pas la substance de mon cœur quand elle me força à regarder un reportage sur les enfants des rues comme une leçon de morale à laquelle on a recourt pour essayer de guérir un enfant toujours trop capricieux.

Et pour revenir sur les photos, elles ne sont que des photos. Peut-être pouvons-nous juger de la vie qui irradie d'une personne par les sourires, les gestes, la voix, les mots qu'elle prononce mais ce qui entre en elle peut rester en elle. Il y en a qui peuvent encaisser, emmagasiner une foultitude de souffrances mais tentent de donner au monde ce qu'ils auraient préféré recevoir. Il ne faut jamais être sûr, en voyant des photographies d'une personne qui paraît heureuse, qu'elle l'est en réalité.

Chapitre 5

J'ai bien emménagé à Lyon, avec Nathan et un de ses meilleurs amis. Ce dernier, un jour, s'est fait voler la selle de son vélo. Il est rentré à l'appartement tellement mécontent ! mais avec une selle à la main. Une selle qui ne correspondait pas à son vélo. Après l'avoir interrogé, nous avons appris que, furieux qu'on eût volé la selle de son vélo, il avait eu besoin de réparation et d'une selle, rapidement. Alors qu'avait-il fait ? Il avait volé une selle à son tour. Ça m'a fait me dire que peut-être le jeune adolescent qui était venu me donner des droites au visage gratuitement au collège avant le sport, alors que je ne le connaissais pas du tout, avait peut-être reçu des droites peu de temps avant !

Le nouveau logement était beau et grand. Cent vingt mètres carrés avec haut plafond, un très grand séjour, un petit salon sur mezzanine, dans un ancien couvent du XVIIe siècle. Il y avait quelque chose de grand et sûr dans la pierre dure des marches, de réconfortant dans la pierre dorée des murs, de bienveillant dans l'œil-de-bœuf des escaliers. Au pied du bâtiment, où donnaient nos fenêtres, commençait un chemin boisé, grimpant vers la Croix-Rousse. J'y montais souvent, jusqu'à la place qui laissait contempler la ville. Je me sentais privilégié d'habiter là, sur les quais de Saône, dans le calme et la verdure.

Pour encore mieux me lier à nouveau avec l'enfant que j'avais été, j'ai souhaité devenir éditeur. Je me souvenais avoir demandé, quand j'avais huit ans, comment procéder pour trouver ses propres poèmes dans un livre. On m'a alors répondu qu'il fallait les faire éditer. Alors quel meilleur accomplissement pour moi, dans la construction du pont vers mon enfance, que de devenir éditeur ? J'ai donc demandé à Nathan de s'associer avec moi et nous avons créé une société d'édition.

La cousine de Nathan est venue habiter Lyon elle aussi et a trouvé une colocation avec un ingénieur du son talentueux et un anglais Érasmus. Nous les avons rencontrés, avons sympathisé et je les aime toujours tellement ! Normalement, si on rencontre un anglais

Érasmus, on en rencontre un deuxième, puis viennent les espagnols, italiens, allemands ou d'autres de je ne sais où. C'est ce qui m'est arrivé, avec aussi des canadiens, des chinois et des japonais. Je passais de jeune perdu, cloîtré dans sa chambre, ne connaissant personne, à jeune créateur d'entreprise connaissant des gens du monde entier.

Chapitre 6

Un an plus tard, je déménageai à nouveau. La recherche de vérité et de l'enfant que j'avais été avaient fait ressusciter ma foi. Dans mon chemin pour devenir enfant d'Israël, un lieu pour vivre lequel aurait été favorable à la méditation et à la prière était nécessaire. Oui, j'habitais alors dans un ancien couvent du XVIIe siècle ; mais non, l'atmosphère de la colocation ne me permettait pas d'entendre les murmures du Dieu Tout-Puissant, le Dieu d'Abraham, d'Isaac et de Jacob. Pour l'entendre, j'ai arrêté de boire et de fumer, totalement, du jour au lendemain. J'avais réalisé qu'à chaque fois que j'avais bu seul le soir mon rhum ou mon pastis purs, chaque fois que j'avais vu triple à une soirée Érasmus, chaque fois que j'avais fini par terre après cinq ou six pintes de bière brune, alors à chacun de ces moments - et tant d'autres ! - je n'étais pas moi. Je faisais alors quelque chose qu'au fond de moi je ne souhaitais pas. On est prisonnier quand on fait ce qu'on ne veut pas faire et quand on ne fait pas ce qu'on veut faire. À chacun de ces moments, j'aurais dû travailler à m'améliorer. Et le tabac, qui petit à petit s'est fait apprécier jusqu'à me faire sortir la nuit pour le trouver tant il m'avait rendu esclave. *Lui* trouvait toujours de l'argent chez moi. Il était toujours plus gros, je le nourrissais de mon souffle et de sacrifices sur la nourriture.

J'avais donc besoin de quitter le couvent, déjà. On n'y comprenait pas bien mon attachement à un Dieu invisible et je ne supportais plus l'odeur de cigarette de la chambre à côté de la mienne qui décelait chaque interstice pour venir me trouver dans mon intimité.

Un soir d'affliction, j'ai demandé de l'aide. J'étais allongé et j'ai demandé au Très-Haut de me permettre de vivre dans un lieu calme, bien isolé du bruit, modeste mais avec le confort nécessaire à mon épanouissement. Et j'ai été vraiment culotté à l'époque de demander de surcroît une adresse simple et qui donne bonne impression. En effet, quitter une adresse comme celle de Quai Saint-Vincent dans le premier arrondissement me chagrinait, elle était pour moi symbolique. Et dans ma prière, je demandai du réconfort, j'avais besoin de savoir que j'étais entendu. Immédiatement, j'ai senti une présence claire, douce, pleine d'énergie, pleine d'amour, de l'énergie au-dessus de moi qui m'a pénétré des pieds à la tête. Puis, ce n'est pas une voix que j'ai entendue, mais j'ai pourtant perçu et compris clairement que ma prière allait être exaucée, que je ne devais pas m'inquiéter, qu'il n'y en avait que pour très peu de temps. J'avais confiance en Dieu, je savais que sa parole allait devenir réalité ; mais comment ! Je n'avais pas d'argent, pas de salaires, pas d'ami dans l'immobilier. Mais j'étais confiant et me sentais heureux et léger. J'avais de la joie.

Le lendemain, j'ai commencé quelques recherches d'annonces de location sur internet. Tout était trop cher ou trop horrible pour moi, sauf un petit studio presque donné, à une très bonne adresse. Mais j'ai laissé tomber, logique obligeant, parce que c'était soit une escroquerie, soit un taudis.

Deux jours après, comme je ne cessais de penser à cette annonce étrange du studio le moins cher de Lyon qui était toujours à sa place, je décidai de téléphoner car me renseigner ne m'aurait qu'apporté du bon. J'éprouvai un peu de stress en composant le numéro, je m'étais retiré dans la verdure au calme. Une dame très agréable répondit :

— Allô !

— Bonjour Madame, j'ai vu une annonce sur internet pour la location d'un studio et je suis intéressé.

— Alors, mon mari y sera demain en fin de matinée, si vous voulez le visiter.

J'y étais le lendemain. Situé Grande rue de la Croix-Rousse, près du métro, sur la colline plus près du ciel. Son mari était là, elle aussi était présente. La première porte donnait sur la petite cour de la copropriété tout à fait pittoresque. Sa longueur, les balcons qui la cernaient, les fleurs au fond lui donnaient des airs de vieux théâtre. Il y siégeait en fait une auberge au XVIIIe siècle. Nous avons monté les escaliers en bois, ils m'ont ouvert la petite porte et j'ai enfin découvert ce qui était loin d'être un taudis ! Ce n'était bien sûr pas bien grand, mais quand même, pour ce prix ! C'était propre et clair. Les murs denses et épais, le double vitrage de l'unique grande fenêtre qui donnait sur cour et jardin donnaient l'effet d'un petit cocon. Les radiateurs étaient neufs, le cumulus était grand et chauffait bien. Même la cave, une grande cave, était comprise dans le petit loyer. Ils m'ont demandé si ça me convenait, j'ai répondu que oui et nous avons signé le bail.

J'ai vécu là quelques années, j'y ai mûri, avec beaucoup de difficultés à trouver du travail. Mes affaires dans l'édition n'avaient pas gardé les partenariats qui auraient soutenu un dos fragile, ils étaient deux et sont morts très vite. Seule, l'entreprise n'a pas survécu. Je ne faisais plus d'émissions de radio, j'ai signé quelques contrats à durée déterminée en grande surface. Il s'agissait de remplir de bouteilles le rayon des vins. Passionnant ! Si j'avais été fainéant, je n'aurais pas eu ce job car, plusieurs jours après avoir déposé mon CV à l'accueil du magasin, on a laissé un message sur mon répondeur et, quand j'ai rappelé, on m'a demandé d'être présent dans la demi-heure qui allait suivre. J'habitais à trois-quart d'heures à pieds alors j'ai couru. Sylvain était un jeune chef de rayon très agréable qui m'a demandé quelle était ma vision du travail. « J'ai des compétence alors je les mets à disposition, ainsi que mon temps, en échange d'une rémunération. Si vous étiez d'accord, si je travaillais ici, il s'agirait d'un partenariat ». Il a toujours respecté cette vision, je crois bien qu'il avait la même.

J'ai profité de mes connaissances aux États-Unis pour m'y rendre. Un ami était volontaire pour m'y loger durant deux semaines. J'ai pris l'avion, j'ai failli raté ma correspondance à Chicago, je n'ai pas réussi à trouver le bureau de poste. Le bus sur cent kilomètres pour deux dollars, l'autoroute sur laquelle on pouvait dépasser par la droite comme par la gauche, les caissières qui nous demandent comment on va et qui nous appellent par notre nom, les fast-food pas chers avec boissons à volonté, la possibilité de retirer de l'argent à la caisse du supermarché, les filles qui nous parlent spontanément, les filles à qui l'on peut parler sans qu'elles imaginent que l'on veut coucher avec elles. Mais ce qui m'a marqué, c'est ce qui ne se voyait pas. La sensation de liberté. Quoi d'autre ? La sensation de liberté. Elle vivait par le regard des gens, la vastitude du pays, l'énergie du peuple, l'acceptation d'autrui pour ce qu'il est et ce qu'il aime. J'y serais bien resté pour y travailler et y vivre mais je n'avais plus de sous.

Une de mes connaissances qui savait que j'avais besoin de travail et qui était gardienne de cimetière avait donné mes coordonnées à un directeur de pompes funèbres. Celui-ci m'a appelé pour me proposer un entretien, ça s'est bien passé et j'ai pu connaître ma première expérience de croque-mort quelques jours plus tard. Chaussures, chaussettes, costume et cravate noirs. Non, pas de lunettes noires. Chemise blanche. J'avais compris que pour être un bon croque-mort, élégance et discrétion étaient essentiels. Nous sommes montés dans le fourgon noir. J'ai cité tout ce qui était vraiment noir dans le funéraire pour un porteur comme moi, mais la mort n'avait rien de noir. Non, la dame avait une paupière fermée, l'autre préférait rester ouverte, elle était blanche et froide. Et toute raide, ce qui était très pratique pour la placer dans son cercueil qui était bien beau. Elle était vieille et on comprenait bien qu'elle était mieux morte désormais.

Sa fille, en partant, a répété plusieurs fois : « Je suis sûre d'avoir oublié quelque chose mais je ne sais pas quoi ». Le cercueil était maintenant dans le fourgon et elle cherchait toujours ce qu'elle avait oublié. Et au moment où elle devait vraiment partir, elle a compris : « Ah oui ! C'est maman que j'oubliais ! Mais en fait non... » Sa mère était dans le fourgon. Après ce premier convoi funéraire, j'ai connu, je pense, la plupart des sortes de cas de la mort vécue par les proches. J'aimais ce métier, je le trouvais noble. Malheureusement ou heureusement, il n'y avait pas assez de morts pour que j'en vive.

Je devais trouver un travail, c'était trop lassant d'être pauvre. Parfois je ne tenais plus, j'allais à Monoprix pour remplir à ras bord un grand panier de ce qui me faisait plaisir - en choisissant quand même le meilleur rapport qualité/prix - et je payais par chèque. Je réussissais à m'arranger ensuite. Je ne supportais plus de recevoir toujours des réponses types à mes candidatures. « Nous regrettons de ne pouvoir donner suite à votre demande. » « Cela ne remet pas en cause vos compétences. » Mais en général je ne recevais pas de réponse du tout. Chercher du travail est un vrai travail, mais sans résultat pour moi, c'était un travail sans rémunération, même un travail à perte.

Une après-midi, désespéré par cette situation, je décidai de jouer la clé de l'auto-dérision pour m'aé-

rer l'esprit tout en tentant pourquoi pas ma chance – j'avais appris que rien n'est impossible. Je m'inscrivis alors sur un site de casting. C'était étrange et amusant. Malheureusement, aucune annonce ne me convainquit que c'était une bonne idée. J'ai tout de même opté pour la moins pire : « Casting Émission TV : Devenez Coach », sans autre précision. J'ai bien ri en me disant « Qui ne tente rien n'a rien ! ». Pour tenter, il suffisait de cliquer sur « Répondre à l'annonce », et j'ai écrit :
« J'ai 26 ans, j'ai eu de grandes difficultés à sortir de chez moi durant plusieurs années avec un énorme manque de confiance, des crises d'angoisse... Maintenant tout va bien. J'aime être à l'écoute et conseiller autrui. J'ai un bon discernement. » On m'a répondu le lendemain : « Bonjour et merci de votre intérêt. Pourriez-vous dans un premier temps me remplir ce questionnaire, nous vous rappellerons très rapidement. Je tiens à vous préciser que nous ne recherchons pas de comédiens, il est donc préférable d'indiquer votre métier de base s'il y en a un et de nous joindre des photos non professionnelles. Cordialement, l'équipe de casting. » 14 questions m'étaient posées et j'y ai répondu avec hâte :

« *1. Quels sont vos loisirs/passions ?*
Me promener à vive allure, composer des chansons, écrire.

2. Comment vous décririez-vous (selon vous et vos amis) ?
Passionné, discret, calme, attentif, joyeux, motivé.
3. Quelle est la meilleure chose qui vous soit arrivée dans la vie ?
Arrêter l'école.
4. Quelle est la chose la plus difficile que vous ayez dû gérer dans votre vie ?
Mes crises d'angoisse.
5. Quelle est la dernière chose qui vous a fait sourire? Et qui vous a fait pleurer ?
Des questions de ce formulaire. Un aveu terrible que m'a fait une personne proche.
6. Qu'est-ce qui vous met vraiment en colère ? Qu'est-ce qui vous a mis en colère pour la dernière fois ?
La bêtise de quelqu'un. Une personne qui refusait de comprendre une chose importante alors qu'elle avait l'intelligence de la comprendre (mais je n'ai pas exprimé ma colère sur cette personne).
7. Quelle est votre meilleure qualité ? Quel est votre pire défaut ?
Patient. Pauvre.
8. Donnez-vous souvent des conseils à vos amis ? Quel est le dernier conseil que vous ayez donné ?
Si l'on m'en demande. Sur une orientation scolaire et elle est maintenant satisfaite.

9. *Pourquoi pensez-vous pouvoir aider quelqu'un qui a un dilemme ? Que pensez-vous pouvoir lui apporter en particulier ?*
J'aime vraiment les gens. J'ai eu beaucoup de difficultés dans ma vie, y ai fait face. Je suis très heureux.
10. *Êtes-vous à l'aise pour parler devant des gens ou plutôt timide ?*
Un peu timide mais pas de façon problématique. J'aime exprimer mon opinion quand j'ai l'impression que c'est nécessaire.
11. *Comment agissez-vous dans un groupe ? Êtes-vous plutôt leader ou plutôt influençable ?*
Peu influençable. Si un groupe ne me convient pas, je le quitte, et qui m'aime me suive.
12. *Avez-vous des principes ? Lesquels ?*
Aimer, respecter, essayer de justifier l'autre.
13. *Quel type d'histoires/personnages vous font réagir ? Pourquoi ?*
Les gens qui choisissent une autre voie que celle que l'on veut leur faire prendre. Il en resplendit du libre-arbitre et l'intelligence que l'on peut trouver en chacun de nous et j'aime beaucoup voir ça !
14. *Avez-vous déjà participé à une émission de télévision ?*
Non, jamais. J'imagine que ça doit être une bonne expérience en général vu le nombre de gens qui veulent y participer. »

Certaines de ces questions m'avaient poussé à me ratisser de l'intérieur et je ressentais un peu de satisfaction de moi-même. J'ai joint le tout avec quelques photographies de moi, comme demandé. Le lendemain matin mon téléphone a sonné. C'était Fanny, responsable de casting. Elle m'a tout de suite mitraillé d'excellentes questions d'ordre général comme sur ma vie privée. Étonnamment, ce n'était pas du tout intrusif pour moi, je sentais bien qu'il n'y avait aucun jugement de sa part, qu'elle était très professionnelle et qu'elle cherchait vraiment à me connaître. À la fin de cette première conversation téléphonique, elle m'a annoncé :

— Tu es une personne atypique, Landry. Ton profil m'intéresse mais tu habites à Lyon, c'est ça ? Tu sais que nous recherchons plutôt des gens de la région parisienne ?

— Je vais voir ma petite amie environ deux fois par mois à Paris, c'est comme si j'y étais !

— Alors je te rappellerai bientôt. C'est d'accord Landry ?

C'était fou pour moi ! Une responsable de casting intéressée par moi pour une émission de télévision : j'avais l'impression de frôler l'irréel. Ce jour-là, je suis allé faire des courses à Monoprix avec mon chéquier.

Chapitre 7

Fanny m'a rappelé quelques jours plus tard. Elle m'a encore posé beaucoup de questions, pendant une demi-heure, que de bonnes questions, avec toujours beaucoup de tact. Je me sentais à l'aise. Elle a conclu cet appel par : « J'aimerais te rencontrer Landry ». J'ai alors enclenché mon mécanisme de sécurité avec sa petite voix qui dit : « Ne pas se réjouir trop vite pour ne pas être déçu encore ! »

Environ une semaine après je décidai de visiter ma petite amie alors j'envoyai un courriel à Fanny pour l'informer de mon court séjour à Paris. Elle m'a vite rappelé :
— Tu arrives quand et tu repars quand ?

— J'arrive vendredi en fin de matinée et je repars lundi matin ou lundi soir.
—Alors tu vas rentrer lundi soir parce qu'à midi j'aimerais te rencontrer Landry, c'est d'accord ?
Bien sûr que c'était d'accord !
Le lundi, en fin de matinée, comme le rendez-vous avait lieu dans des locaux de la maison de production à Boulogne-Billancourt, je passai devant la tour TF1 et pensai au dégoût que j'avais pour la télé-réalité et leurs participants en même temps qu'à l'excitation que ça devait procurer d'être diffusé sur cette chaîne. J'ai été accueilli par un pur parisien qui m'a dit de ne pas stresser, que je devais être naturel et que ce serait mon tour dans quelques minutes parce qu'une fille était déjà en casting avant moi. Je réalisai alors que ce n'était pas un entretien comme j'avais eu des entretiens d'embauche qui m'attendait mais que je participais réellement à mon vrai premier casting. En effet, j'ai très vite connu le visage de Fanny qui était accompagnée d'Elsa. Il y avait une caméra cadrée sur la chaise que je devais occuper. Je n'avais pris que trop peu de vêtements pour ce week-end-là alors mon pull était taché. J'ai pu m'en débarrasser à mon arrivée mais mon pantalon avait perdu sa couture le long de ma braguette. J'ai passé l'entretien les jambes serrées. Elles étaient encore absolument professionnelles. Ça m'a beaucoup touché de ne pas être jugé, on cherchait

juste à savoir qui j'étais vraiment, si je correspondais à leurs besoins. Chacune de mes réponses était creusée par d'autres questions. C'était troublant et jouissif. Elles me creusaient, je leur confiais plus que je n'avais jamais confié à personne alors que je ne les connaissais pas.

Ce qui m'avait plu dans le premier courriel que j'avais reçu, c'était la précision : « Nous ne recherchons pas d'acteur ». Et ce lundi de juillet (j'avais mis un pull parce que le juillet de Paris était très frais), on me demandait encore d'être sincère et pas acteur. Je me suis alors promis que si l'aventure continuait, je dirais toujours ce que je pense et ne jouerais jamais la comédie. Je ne sais pas combien de temps a duré l'entretien, suffisamment longtemps pour qu'elles m'eussent connu mieux que quatre-vingt dix neuf pour cent des gens qui m'entouraient. Peut-être que le fait que ça a été la dernière question a beaucoup fait qu'elle m'a marqué, elles m'ont demandé : « De quoi as-tu le plus honte à présent Landry ? » Pourquoi ne m'étais-je jamais posé cette question aussi clairement! J'avais honte d'être pauvre !

Deux semaines plus tard, j'étais alors de retour à Paris, on m'appela : « Bonjour Landry, c'est Elsa d'ITV, comment vas-tu ? Je t'appelle pour t'annoncer une bonne nouvelle : La chaîne a visionné ton casting et elle a A-DO-RÉ ! »

Je n'ai pas honte d'avouer que pendant une semaine je me suis répété dans ma tête « elle a A-DO-RÉ ! » Et quand j'étais seul ou avec ma petite amie, je chantais aussi « Elle a A-DO-RÉ ! » La chaîne qui a sûrement regardé beaucoup de castings et voit défiler de grands paquets d'énergumènes de toutes sortes m'a «a-do-ré». Et si jamais elle en avait eu peu à visionner alors la sélection était serrée. J'essayais de retourner les choses dans ma tête pour être sûr de ne pas trop délirer, juste un peu aurait suffi, et dans tous les cas, elle avait adoré. Et combien sont-ils ceux qui sont prêts à tout pour passer à la télévision ? J'en avais déjà rencontré quelques cas qui passaient tous les castings de comédies musicales alors qu'ils ne savaient ni danser ni chanter. Et tous ceux qui ajoutent des chargés de castings et des journalistes à leur facebook en espérant être repérés et qui sont toujours à l'affût d'une bonne aubaine pour être vus de toute la populace. On m'avait annoncé le tournage pour octobre. J'avais deux mois pour réfléchir quant à quoi je m'embarquais.

Durant les mois d'attente, on m'a appelé encore plusieurs fois afin de discuter et me questionner encore. L'une des filles qui m'ont téléphoné m'a demandé ce que je pensais du fait que j'avais été sélectionné. Je lui ai répondu que ça m'amusait, que j'étais à la fois content et étonné parce que j'avais répondu à l'annonce comme à un jeu. Elle m'a répondu : « Eh oui! Il y en a qui essaient toute leur vie mais qui n'y arrivent pas, et puis il y a Landry ! » Toujours de très bonnes questions et toujours des personnes agréables au téléphone. Et finalement, quand octobre fut bien là, plus aucune nouvelle, sauf une réponse pour m'informer qu'ils avaient du retard et qu'ils voulaient une émission bien préparée. Ce fut ensuite repoussé à octobre, puis à janvier, et mars. Et plus de nouvelle.

Ma fiancée et moi nous préparions au mariage fixé à mi-juin et avions décidé de vivre à Paris. J'allais donc obligatoirement devoir trouver un travail pour subvenir à nos besoin et surtout payer le loyer exorbitant pour moi qui avais vécu plusieurs années dans l'appartement le moins cher de Lyon. Ce sont les propriétaires les plus gentils d'Île-de-France qui nous ont confié leur appartement bien cher pour moi mais confortable. Et c'est le magasin de produits surgelés juste à côté de ce nouvel appartement qui m'a confié un poste de « vendeur assistant » selon le contrat mais de caissier qui court partout en réalité.

Pendant la semaine précédent «mon» mariage, on m'a appelé pour m'informer que le tournage aurait lieu soit la semaine suivant les épousailles, soit celle encore après. Par chance, mon CDD se terminait et la responsable du magasin m'a proposé de la rappeler quand j'aurais terminé l'enregistrement de l'émission. J'étais soulagé, les événements se goupillaient naturellement. J'ai tout de même eu des doutes quant aux dates de tournage de l'émission jusqu'à ce que l'on m'appelle pour me donner rendez-vous le dimanche suivant. On m'a bien demandé mes exigences culinaires comme végétarien, casher ou hallal et la consigne m'était déjà donnée de ne pas porter de vêtement blanc les premiers jours parce que nous serions filmés sur fond blanc. Ma valise prête, mon esprit prêt, le nouvel appartement pas encore fini d'être emménagé, je partis enfin pour l'aventure.

Chapitre 8
Le premier soir

Le rendez-vous avait lieu à 18 heures dans un hôtel trois étoiles des Batignolles. Je quittai déjà ma femme. Je suivis les panneaux « ITV » dans le hall de l'hôtel, entrai dans l'ascenseur avec ma grosse valise. Il n'y avait pas de « -2 » comme indiqué. J'appuyai sur «2», rien ne se passa. Puis la porte s'ouvrit, quelqu'un voulut monter, toujours au rez-de-chaussée, rien n'avait changé, je descendis de l'ascenseur. Je regardai l'heure, retard de cinq minutes sur celle qui avait été fixée. Petite panique en moi. Je retournai dans le hall, regardai à nouveau les panneaux. «ITV», par là. Je vais par là, plus de panneaux. À gauche: les ascenseurs. J'avais déjà donné, c'était pas bon. En face : le mur. Ça ne correspondait pas à mon attente. À droite: beaucoup d'espace. J'y allai. Je fis bien parce que des escaliers

descendaient, meilleur moyen d'arriver au «-2». Je me dépêchai, suivis les nouvelles pancartes, une demoiselle me sourit, je sentis que j'étais presque arrivé. Je croisai un grand monsieur barbu qui avait une bonne et belle présence, celle d'un ours apprivoisé qui fait des rêves de super-héro. Il me demanda :
— ITV ?
— Oui.
— C'est par là à gauche, la porte ouverte.
Je fonçai, détestant, détestant le retard. La porte ouverte donna sur une quinzaine de personnes assises. Au fond de la salle : des valises. J'y posai la mienne, inspectai furtivement chaque place libre et choisis celle du fond la plus accessible. Ils étaient calmes. Le climat était interrogatif. Ils me plaisaient tous à première vue, sauf juste devant moi se trouvait un genre de fille qui m'écorchait la vue mais pas que. Elle parlait mal ; c'est-à-dire qu'elle ajoutait des mots grossiers inutiles dans ses phrases, et ses gestes dénotaient un comportement de tête à claques. Je détestais son haut doté d'un col beaucoup trop large qui laissait passer, nue, un coup l'épaule gauche, un coup l'épaule droite. Et elle devait le tirer souvent parce qu'il était trop court et exhibait un peu de son bas ventre graisseux et du surplus adipeux de ses hanches qui débordait de son pantalon. J'ai été un peu choqué d'y voir le portrait craché (vraiment craché) de ma petite sœur. Leurs

mimiques aussi étaient tellement similaires que je me perdis par moment entre elle et ma petite sœur, alors qu'il n'y a absolument jamais eu de ce genre d'énergumène dans ma famille. En parlant d'énergumène, la salle est devenue un peu bruyante quand un homme est entré, s'est assis, et a commencé à communiquer avec la vulgaire. Une femme plus mature s'est montrée vulgaire elle aussi en participant à la conversation qui a commencé par du sexe, s'est poursuivie par du sexe et s'est terminée par du sexe. Pendant que j'essayais de supporter ce spectacle, je contemplais la salle et ses occupants. Certains se connaissaient déjà, certains autres faisaient connaissance, d'autres faisaient comme moi. Autant les personnes qui se trouvaient devant moi me mettaient mal à l'aise, autant celles qui se trouvaient derrière moi avaient une présence agréable. Surtout une demoiselle tout au fond à l'extrême gauche, que j'ai essayé d'apercevoir deux fois, qui avait une influence douce et rieuse. À droite, il y avait une autre sorte d'ours, une espèce d'ours noir inoffensive mais très pratique pour faire peur aux loups. Il portait des verres de correction basiques sur une monture de lunettes de soleil parce qu'il lui était trop difficile de trouver des lunettes de vue à sa taille. Il y avait aussi des jumelles dans la salle. J'aurais trouvé certaines similitudes entre elles mais n'aurais pas conclu de moi-même qu'elles étaient inuvitellines. C'est une femme en entrant dans la salle qui s'est écriée « Ah! les jumelles ! » Cette dernière avait casté tous les derniers sélectionnés. J'ai parlé avec un jeune homme assis à ma gauche. Un faux gars de cité qui fait du rap mais qui n'est pas vraiment révolté parce qu'il ne souffre pas vraiment. Il portait sa casquette à l'envers, comme ça avait été la mode quand j'étais gamin. Il m'a raconté qu'il avait été casté et immédiatement sélectionné une semaine auparavant. Et moi qui avais attendu presque une année, je ne comprenais pas comment ils s'y étaient pris. Était-ce si difficile de choisir les « coachs » qu'après dix mois de sélection méticuleuse ils ont fini par chasser à l'aveugle ? Ou ont-ils trouvé leurs dernières perles, par hasard, une semaine avant la date fatidique ? Parce qu'après en avoir interrogé, j'ai su que c'était le cas pour au minimum cinq personnes du groupe.

Au total, nous étions une trentaine. Certains arriveraient le lendemain matin. Quelqu'un a fait l'appel. Il y avait :
Richard, Louna, Andrée, Dan, Sylvie, Ronald, Romuald, Patrick, Orélia, Alexis, Isis, Carolina, Samantha, une autre Sylvie, Jonathan, Esther, Agnès, Charles, Jessica, Sabrina, Ivan, Gaëlle, une troisième Sylvie, une deuxième Esther, Jackie, Gregory, Mickaël, Ornella, Billal.

On nous a présenté nos nounous : Félix, Kassandra, Sandra, ainsi que Marine et Hubert que j'avais croisés dans le couloir en arrivant. Mais Hubert était aussi le chef des nounous. Chacun reçut un badge avec le numéro de téléphone des nounous à joindre en cas de besoin.

On nous a projeté des extraits du programme du même format réalisés au Canada et en Angleterre. Une cinquantaine de gens différents, comme nous qui étions en train de visualiser l'extrait dans la salle, représentant ainsi l'ensemble de la société, suivaient une personne ayant un dilemme. On y voyait des interrogations, des émotions et, bien sûr, un dilemme effacé grâce aux cinquante conseillers. La différence entre eux et nous était que nous serions une trentaine. Et heureusement ! Comment une cinquantaine de nous aurait pu être gérée ! Un responsable nous a confié que ce serait avant tout une aventure humaine. Nous ne serions pas des comédiens, notre but était vraiment d'aider cette personne dont nous ne savions encore rien du tout.

Ensuite, dans le hall, pour la distribution des clefs, j'étais définitivement rassuré quant au fait que chacun aurait sa propre chambre. Je montai donc dans la mienne, allai directement à la fenêtre, parce pour moi la vue, en appartement, en hôtel, en train, où je ne sais, est très importante. À dix heures la tour Montparnasse, à deux heures la tour Concorde-Lafayette, à midi... la Tour Eiffel. J'étais ravi mais là c'était surtout l'heure d'aller manger. Je descendis alors à l'endroit où je vis le plus de membres de l'équipe. Tout à l'heure, quand nous avons pris à droite, les escaliers étaient plus loin toujours à droite, mais à ce nouveau moment j'ai pris à gauche. Il y avait des tables, des chaises et on avait mis à notre disposition toutes sortes de boissons sur un comptoir. Comme j'avais cassé mes lunettes quelques jours auparavant et qu'on était le soir, j'avais vraiment du mal à bien y voir. C'est en commencent par confier mon problème à un membre du groupe que j'ai commencé à m'y intégrer ; en effet, j'avais besoin qu'on m'aide à trouver les verres. On était gentil avec moi. Les gens étaient assez amusants. Une dame pleine de tatouages avec des têtes de mort venait de Coubron. Un homme avec un accent du sud du genre qui aime bien parler beaucoup et fort – mais de manière agréable et pas pour déblatérer des imbécillités – disait aussi venir de Coubron.

— Quiberon ?
— Non, Coubron !
— Coubron ?
— Oui Coubron pas Quiberon !

Personne ne connaissait Coubron, sauf l'autre qui y habitait aussi. Quand il apprit ça, il intervint :

— Non ! Tu es de Coubron toi aussi ?

— Pourquoi, toi aussi ?
— Oui mais attention, Coubron, pas Quiberon.
— C'est pas vrai ! Oui je suis de Coubron.

Coubron est une tout petite ville d'Île-de-France et c'est vrai que c'était fort qu'ils se trouvent, tous les deux habitants de cette commune, sélectionnés pour la même émission de télévision. Coubron n'est pas loin de Paris mais c'est comme dans la campagne profonde. On est bien à Coubron. Et le boulanger fait un pain exceptionnel. J'irai à Coubron un jour pour vérifier tout ça. Et ils ont continué de parler, ont trouvé encore des similitudes dans leurs goûts et leur vie, c'était comme un petit spectacle bien joué.

Je décidai donc d'aller voir ce qu'il se passait de l'autre côté du comptoir. Il s'y trouvait une fille qui avait annoncé être voyante par téléphone pendant la réunion d'introduction. J'en profitai alors pour lui demander si elle pensait qu'elle était vraiment voyante ou si c'était une escroquerie volontaire. J'ai eu du mal à entendre une réponse claire mais il sembla qu'elle m'expliquait qu'elle était une vraie voyante. Le jeune habillé en faux banlieusard est arrivé et, quand la «voyante par téléphone» a annoncé son job une nouvelle fois, elle s'est retrouvée bombardée de questions. Elle a dit : « Quand les gens entendent 'voyante' ils viennent toujours me poser plein de questions ! Il (en me désignant) est venu me voir pour me dire qu'il était fasciné ... » J'ai dû la couper. Non je n'étais pas du tout fasciné ! Je voulais juste savoir si elle s'y croyait ou pas ! Et ce fut d'ailleurs la question qui lui fut tout de suite posée et à laquelle elle a commencé par répondre « Ah mais normalement je devrais pas y croire parce que je suis mi-juive. » Mi-juive ? Parce qu'on peut être mi-juif ? Mi-chrétien ? Mi-homme ? Mi-français ? Quelle tiédeur ! Comment être mi-juif ! On est juif ou on ne l'est pas ! Peu importe que ton père ou ta mère soit juif, tu es juif ou tu ne l'es pas. Elle était certainement un peu perdue pour partager autant de confusion : « Je n'y crois pas (...) Je n'ai jamais menti, j'ai toujours été sincère (…) Je ne fais pas ça pour l'argent (...) C'est mon métier (…) Parfois il y a des clients que je rappelle et que je ne fais pas payer (...) Non je n'y crois pas (...) Si, je suis une vraie voyante. » Son métier la gênait, au fond, et c'était triste à voir.

Il est écrit dans le cinquième livre de la Torah : « Qu'on ne trouve chez toi personne qui fasse passer son enfant par le feu, personne qui se livre à la divination, qui tire des présages, qui ait recours à des techniques occultes et à la sorcellerie, qui jette des sorts, personne qui consulte ceux qui évoquent les esprits ou prédisent l'avenir, personne qui interroge les morts. En effet, quiconque se livre à ces pratiques est en horreur à l'Eternel. »

J'ai ensuite commencé à faire connaissance avec Samantha. Mais je ne savais pas quoi lui raconter. Je me rendis alors compte que deux grands groupes s'étaient formés de chaque côté du comptoir. Je rejoignis promptement celui qui me mettait à l'aise.

L'heure du repas sonnant, nous nous attablâmes, toujours en deux groupes distincts par deux tables distinctes. Une dame à côté de moi, Sylvie, posait beaucoup de questions et prenait note de nos réponses. Ainsi, dans son cahier, on pouvait déjà consulter mes nom, prénom, date de naissance, commune de résidence, profession. Elle n'hésitait pas à agrémenter ces données par nos passions, nos buts, des événements de notre vie. Une autre Sylvie, celle qui a beaucoup de tatouages sauf sur le visage – et pour d'autres parties ne pas s'avancer par respect – m'apprit qu'elle avait déjà participé à d'autres émissions de télévision dont une quelques semaines plus tôt pour la même production mais une autre chaîne. J'étais très étonné parce que, pour moi, une institutrice (qui met des hauts à manches longues au travail afin que les enfants, peut-être surtout les parents et les collègues, ne voient pas les tatouages de têtes de morts), qui est humble et douce ait besoin de se montrer à la populace. Alors je lui ai demandé pourquoi elle faisait cela : « Eh bien! Pour gagner des cadeaux, de l'argent, voyager, passer de bons moments... ». Oui, voilà. C'était une réponse complète et sincère et je me demandai pourquoi j'avais imaginé du mal dans ses démarches.

Nos nounous sont passées nous annoncer qu'il fallait être debout à six heures car nous quitterions l'hôtel à neuf heures le lendemain matin, après les interviews ; mais avant celles-ci, nous devions regarder le petit film de présentation de la personne que nous allions devoir suivre et aider.

Après avoir mangé, j'ai quitté la table comme beaucoup d'autres pour rejoindre ma chambre. En y entrant, je vis la Tour Eiffel scintiller. Je me suis assis devant la fenêtre et j'ai médité. J'y étais enfin, nourri et logé et il y avait des gens bien. Je me sentais tranquille. J'ai appelé ma femme et l'ai invitée à me rejoindre le lendemain soir parce que nous quitterions cet hôtel et Paris le mardi matin. Je m'interrogeais sur le cas que nous rencontrerions. Je redoutais l'homosexuel à aider parce qu'il veut faire son « coming out ». Je redoutais la femme trop grosse qui ne s'en sort pas entre le plaisir de la gourmandise et la douleur causée par le regard d'autrui et la santé qui se dégrade. Je redoutais quelqu'un qui ne supporte plus son conjoint, a fini par le tromper, et ne sait pas s'il faut divorcer ou trouver une solution.

Chapitre 9
Le premier jour

J'avais programmé mon réveil à 5h45. Le lit était bien confortable, j'éprouvais de la paresse à m'en extraire. Les nounous avaient demandé à l'hôtel de faire sonner le téléphone de nos chambres à 6h. C'est à cette heure-là que je répondis et entendis :
— Vous avez demandé à être réveillé, il est six heures.
— Merci mon réveil parlant, enchanté, répondis-je.
Le jour était levé, je regardai pendant quelques minutes le panorama depuis la fenêtre puis me précipitai pour me laver et sortir. J'étais tout excité par ma propre vie. En sortant de la chambre, me dirigeant vers l'ascenseur, je croisai Romuald, l'homme qui habitait à Coubron, avec son accent marseillais :
— Landry ! Comment vas ! Eh mais tu es en forme, je te vois foncer comme ça de bon matin ! Eh ! Oh là

là ! Je me suis levé à cinq heures, tu sais quoi. Comme on dit...

— Oui, que le monde appartient à ceux qui se lèvent tôt ?

— Eh oui, le monde appartient à ceux qui se lève tôt ! J'ai déjà pris le petit déjeuner. Oh je te dis pas ! Ce que je me suis mis dans la panse ! Aïe aïe aïe ! Il y a du pain, des croissants, du jambon, du fromage, du gâteau, à boire, tout ce qu'on veut. Malheur !

Il me fallait, avant de petit-déjeuner, parce que je ne m'étais pas levé à cinq heures, aller dans la salle de réunions pour regarder le petit film de présentation. Nous avions pris à peu près les mêmes places que lors de la réunion d'accueil, on nous a dit qu'on ne nous passerait le film qu'une seule fois mais qu'on aurait l'occasion de le revoir plus tard, dans une salle blanche. C'est d'ailleurs la raison pour laquelle nous ne devions pas porter de vêtement blanc. Le petit film a commencé par :
« Bonjour, je m'appelle Carole, j'ai 44 ans et je suis joueuse de poker professionnelle. »
Elle nous expliquait ensuite que le poker était sa passion mais que ça lui prenait trop de temps, que sa famille lui reprochait cette activité et même qu'un de ses enfants l'avait accusée d'être une incapable. La

conclusion portait sur le tiraillement entre le poker et sa famille.

C'était une grande avancée. Mais je n'étais pas très motivé parce que ça me semblait simple : Si elle aime sa famille et que le poker est un problème, qu'elle joue au poker si elle veut, mais raisonnablement, qu'elle trouve un autre travail, qu'elle passe de meilleurs moments avec sa famille. Pourquoi faire appel à trente personnes pendant une semaine pour un petit cas comme celui-là ! J'étais un peu déçu. Je suis allé prendre mon petit-déjeuner avec moins d'appétit. Je commençais en fait à me demander ce que je faisais dans cette histoire, ça me semblait tout à coup moins sérieux. En fait, j'avais déjà pensé cela en voyant quelques énergumènes sélectionnés pour faire partie des 30 conseillers, mais là je le pensais beaucoup plus fort !

J'ai pris mon petit-déjeuner à la table de la Sylvie qui note nos caractéristiques dans son carnet et de Richard, un pompier, un homme que je suis très content d'avoir rencontré. Sylvie lui a demandé :

— Richard, est-ce que tu crois en Dieu ?

— Bien sûr que je crois en Dieu, je m'appelle Richard Donnadieu, avec un nom pareil évidemment que je crois en Dieu.

C'est à ce moment-là que le chef des nounous, le trappeur tout doux, l'ours blanc au beau nom d'Hubert est venu me trouver. Quand je pensais à lui, j'entendais la voix de ma femme appelant « Hubert ! » un très beau chat tout doux de Rueil-Malmaison Cœur de ville. Et j'ai écouté mon répondeur où ma nounou Félix m'avait laissé un message. En fait, ils me cherchaient parce que j'allais devoir passer en interview. Quand ce fut mon tour, une journaliste, Catherine, m'a fait entrer dans une salle. J'étais soulagé d'apprendre que nous ne serions que tous les deux. D'autres présences m'auraient gêné. Elle m'a fait m'asseoir sur un tabouret, a réglé la caméra, le son et nous avons commencé. Elle était agréable. Comme lors de mon premier et dernier casting, je ne devais pas la regarder mais regarder la caméra. Aussi, je devais répondre en reprenant ses questions puisqu'elles seraient coupées au montage.

— Comment vas-tu Landry ce matin ?

— Bien, merci.

— Un peu plus tôt tu as visionné la présentation de Carole. Que penses-tu de son cas ?

— Elle ne sait pas quelles sont ses priori...

— Attends, excuse-moi, recommence en reprenant ma question.

— Ah oui, pardon ! Selon moi, le cas de Carole n'est pas bien compliqué. En fait, il faudrait qu'elle comprenne quelles sont ses priorités.

— Tu penses qu'elle ne sait pas ce qui est prioritaire dans sa vie ?

— Elle ne sait pas quelles sont ses priorités puisqu'elle dit qu'elle est tiraillée entre le poker et sa famille et qu'elle doit faire un choix entre les deux. Donc elle ne sait pas si c'est le poker ou sa famille qui est prioritaire dans sa vie.

— Comment tu qualifierais Carole ?

— Je qualifierais Carole de tiède.

— Je ne comprends pas ce que tu veux dire par «tiède».

— Elle ne sait pas dire oui ou non, elle doute, elle est tiède quoi !

— Est-ce que tu pourrais trouver un autre mot que « tiède » ?

— Non, tiède est le plus adapté pour ce que je veux exprimer et c'est pour ça que je l'ai choisi.

— Et que penses-tu de la relation que Carole a avec le poker ?

— Carole parle du poker à la fois comme d'une passion, d'un travail et d'une addiction.

— À ton avis, qu'est-ce qu'il manque le plus à Carole ?

— Il manque à Carole du discernement pour savoir vraiment quelles sont ses priorités.

— Comment faire ?

— Il faut aider Carole à avoir de la force, il faut qu'elle soit sûre d'elle, il lui faut beaucoup de volonté. Quand elle réalisera à quel point sa famille est importante et devrait être sa plus grande priorité, alors elle aura une volonté telle qu'elle trouvera beaucoup de force.
— De quoi Carole a le plus besoin ?
— Carole a besoin de confiance.
— Est-ce que tu penses que vous réussirez à aider Carole ?
— Oui, nous réussirons à aider Carole. Elle sait ce qu'elle doit faire au fond d'elle-même, il faut juste que nous l'aidions à y voir clair et à avoir confiance en elle.
— Merci Landry.
— Merci Catherine.

Je suis sorti de la pièce, Charles a pris ma place, j'ai discuté avec le faux-banlieusard qui voulait arrêter son BTS Relation Clients en alternance parce que ça ne l'intéressait pas. Puis l'heure de quitter l'hôtel est arrivée, on nous a fait descendre en sous-sol. On ne nous avait pas informé d'où nous nous rendrions. Notre seul indice : on nous avait demandé d'embarquer avec une pièce d'identité valide. L'attente dans le car fut interminable. J'ai eu le temps de discuter encore avec l'homme de Coubron. Je l'ai surtout écouté. Mais nous étions d'accord, les mots polis forcés, les fausses courtoisies, la bise comme formalité nous dégoûtaient. Et derrière moi, une élégante jeune dame noire, Samantha, attachée de presse, m'a gentiment adressé la parole pour faire connaissance. Mais une fois que j'ai répondu à ses questions, je ne lui ai pas retournées et je n'ai pas su alimenter la conversation. Après une heure d'attente dans le car, nous nous sommes rendus à quelques mètres de la place de Clichy ; pas loin du tout de l'hôtel en fait. Nous sommes descendus en deux fois. Je ne me suis pas senti bien quand on nous a arrêtés devant une salle de jeux. Elle était grande et belle mais non, pas de jeu d'argent pour moi. On nous a fait enregistrer ; il ont fait ça d'une manière telle que même notre rétine a été scannée. J'avais vraiment l'impression de m'inscrire à une salle de jeu contre mon gré. Ma crainte à ce moment-là était qu'ils nous fassent jouer au poker dans une vraie salle de jeu afin que l'on puisse mieux s'immerger dans la situation de Carole.

Après encore une demi-heure d'attente, on nous a fait entrer. C'était notre première séquence filmée. Nous devions pénétrer dans la salle d'un bon pas mais pas trop, et bien groupés surtout. Autant il est difficile de regarder la caméra quand on est en interview, autant il est difficile de ne pas la regarder quand on a pour consigne de ne pas la regarder ! Nous devions traverser la grande salle de jeux pour nous rendre à la dernière table au fond à droite à côté de laquelle nous devions former un arc de cercle. Des gens y jouaient au poker. Il y avait un croupier, trois hommes et une femme. J'étais derrière elle. Je ne voyais que ses mains, cheveux et les inclinaisons de sa tête. On nous a demandé de les regarder jouer pendant au moins vingt minutes. Je me suis bien ennuyé. Ils filmaient un groupe qui s'ennuyait.

L'assistant réalisateur a fini par parler tout bas à Carole. Parce que la femme blonde à la table de poker était Carole. Puis on nous a donné une instruction : « Carole va quitter la table pour se rendre dans la salle à côté. Vous allez la suivre en restant bien groupés. » Carole s'est levée, nous l'avons suivie. Et quand nous somme arrivés dans l'autre salle, on nous a demandé de retourner d'où nous venions et de revenir mais en gardant une plus grande distance avec Carole. Nous nous sommes exécutés. Dans cette nouvelle salle, nous devions nous positionner sur des gradins. Peut-être était-ce une sorte de salle de paris. Il y avait deux tables avec une roulette, une autre avec des chiffres et des lettres qui clignotaient. Je ne connais pas ces jeux-là. Mais la salle était vraiment belle, tout en bois. C'est vrai que, par contre, en bois, ça a tendance à craquer et c'était un souci pour les preneurs de son. Nous étions dans les gradins et Carole, seule, plus bas, face à nous tous, et nous devions faire connaissance. On venait de nous demander d'être, ce lundi, dans le thème du poker, c'est-à-dire que nous aborderions les thèmes, purement, de la famille, du travail, des problèmes et des amours, d'autres jours. Mais le groupe n'a pas su garder ce périmètre, même après de maints aiguillages de la part des éditorialistes. Je ne me sentais pas à l'aise ; Carole non plus la pauvre, face à une trentaine d'énergumènes qui forcément la jugeaient. Après qu'elle a expliqué que le poker était une grande passion pour elle, une fille du groupe a pris la parole pour lui demander : « Est-ce que tu sais avec quoi rime passion ? » Un grand froid s'est fait ressentir, la manière n'était pas respectueuse. Carole a répondu « Guérison ? » La fille a rétorqué : « non : destruction ! » Avec le nombre de passionnés qui se trouvaient dans la salle, le cri au scandale était presque palpable. Comment a-t-elle pu lui dire cela ? Comment a-t-elle pu lui dire ainsi ? Passion rime avec destruction comme dorure rime avec ordure ou amitié avec pitié.

Je ressentais des différences entre ce que l'on pouvait retenir du film de présentation de Carole et sa réalité selon elle quand elle était devant nous. La notion d'addiction devait être chassée, selon elle, elle pouvait facilement se déconnecter du poker pour passer du temps avec sa famille. En l'écoutant, je comprenais : Non, le poker est pour moi une passion mais je sais être raisonnable ; en plus cette passion me permet de payer les factures. Alors Carole, il est où, ton problème ! Tu vas prendre une semaine de notre vie pour faire quoi ? Pourquoi la production t'a choisie et nous a choisis pendant un an ? Pourquoi nous payer l'hôtel ?

Nous avons quitté l'établissement de jeux d'argent en le parcourant plusieurs fois afin d'obtenir de bonnes images d'un groupe de trente personnes bien compactées, à bonne distance de Carole et qui ne regarde pas les caméras.

Et puis nous sommes allés au Flunch. Je n'y étais jamais allé et j'espère ne pas y retourner. Malgré tout, nous pouvions consommer jusqu'à 17 euros et j'ai pu avec cette somme, en sélectionnant les mets, manger à ma faim et même plutôt bien. On nous a ensuite filmés dans la rue, toujours en groupe, mais sans Carole. Elle, nous ne la voyions pas en dehors des séquences dans lesquelles sa présence était nécessaire. Hors caméra, il était interdit de lui adresser la parole. Alors nous nous contentions de gestes, de regards, de mimiques, sourires, clins d'œil. Elle disposait du même outillage pour répondre. Mais nous ne l'avons pas revue ce jour-là. On nous a mis en cercle dans un square et nous devions discuter de notre ressenti, nos idées, nos besoins pour aider Carole. Evidemment, la discussion s'est transformée en disputes et débats. Mais la conclusion était qu'il fallait que nous allions à la rencontre de sa famille, voir comment et où elle vivait.

Une fille a été choquée d'entendre qu'un enfant sans père peut avoir des problèmes d'équilibre. « Quoi ! Alors parce qu'on n'a pas de père alors on est déséquilibré ! Non mais je crois rêver là ! J'ai pas eu de père, je suis déséquilibrée ? » s'offusquait-elle. J'ai eu le malheur de lui expliquer qu'elle n'avait pas bien compris le propos. Et j'ai vite compris que j'aurais eu mieux fait de me taire. Elle ne voulait plus s'arrêter ! Je pensais soit à lui mettre une tarte, soit à m'en aller loin. Mais finalement, après de nombreux « Tais-toi ! Je ne t'écoute pas ! Je ne te répondrai pas, tu déformes nos propos ! », elle s'est tue. Je commençais à en avoir marre de la présence des caméras, ainsi que de la présence de certains. Un homme voulait tellement être remarqué, en avant, qu'il lui arrivait de pousser. Il s'agissait de l'homme qui avait beaucoup ri avec la fille vulgaire du premier soir.

Par contre, je fus heureux d'apprendre que nous devions retourner dans le car pour nous rendre en Plaine Saint-Denis. Je me rappelai quand j'avais demandé à ma mère, quand j'avais huit ans, où étaient enregistrées les émissions de télévision. Elle m'avait répondu : « En Plaine Saint-Denis ». Et ce jour-là, j'avais vingt-sept ans et me rendais enfin à cet endroit qui m'avait tellement intrigué. On nous a fait descendre du car et attendre, attendre longtemps que tout dans la salle blanche soit prêt. On nous a laissé jouer et parler comme des enfants dans un grand hangar qui sert pour les tournages d'émissions comme « Le Juste Prix », programme auquel Sylvie l'institutrice avait participé. Elle avait gagné de bons lots. Nos nounous nous ont apporté des bouteilles d'eau. J'aimais beaucoup celle qui s'appelle Félix. Un jeune homme tellement agréable ! Si j'avais été une fille, je serais tombée amoureuse. C'était un vrai plaisir de lui confier mon visage. Comme il était maquilleur à la base, c'est lui qui nous mis le fond de teint pour que nous ne brillions pas dans la salle blanche. Quand tout fut bien prêt, nous pûmes y pénétrer. La salle blanche était vraiment blanche par terre, au plafond et aux murs. Tellement qu'avec les angles arrondis nous avions du mal à évaluer la distance qui nous séparait des cloisons. Un grand écran de télévision plat était suspendu et nous devions le regarder. Ils nous ont diffusé le petit film de présentation de Carole. Je ne me souviens pas du nombre de fois que nous l'avons revu, plusieurs dizaines c'est sûr. Ils voulaient recueillir nos émotions. Nous étions nombreux à souffrir des yeux parce que plusieurs milliers de watts de projecteurs dans une salle parfaitement blanche qui réverbère, ça fait beaucoup de lumière ! J'essayais de ne pas trop briller des yeux, de ne pas pleurer, je ne voulais pas que ma souffrance physique eût été capturée comme une émotion !

« On a terminé pour aujourd'hui ! Je voudrais vous remercier, vous avez été parfaits. » nous a dit le réalisateur, Julien. J'avais vraiment du mal à m'en rendre compte !

Nous sommes rentrés à l'hôtel où nous avons mangé, ma femme m'a rejoint, j'étais fatigué, j'avais mal aux yeux, le lit était confortable. Je lui ai raconté ma journée, lui ai demandé son avis sur Carole. Elle ne comprenait pas ce que je n'arrivais pas à comprendre moi-même : Qu'est-ce que je faisais là !

Chapitre 10
Le deuxième jour

J'ai dit au-revoir à ma femme qui allait profiter de la chambre quelques heures de plus que moi. Quand je suis entré dans l'ascenseur, Félix y était déjà.
— Bonjour, Landry ! Comment tu vas ce matin ?
— Pas vraiment bien.
— Ah mince ! Qu'est-ce qu'il se passe ?
— Je ne sais pas ce que je fais là.
Il était très embêté. J'étais alors embêté de l'embêter. Mais je m'étais promis de ne jamais mentir, tricher, jouer avec la production et son équipe, alors je m'y tenais. Ils ne cherchaient pas de comédiens : j'allais être franc jusqu'au bout.

Je lui ai expliqué que je ne comprenais plus pourquoi je participais à cette émission. Il m'a écouté, vraiment écouté.

Après le petit-déjeuner, nous avons pris le car pour aller en gare de Lyon. Avant d'y entrer, nous avons tourné des séquences dans la rue. Toujours pareil, marcher en groupe. Carole était là, il fallait la suivre parfaitement. « Compactez-vous ! » qu'ils nous disaient, « compactez-vous ! »

Ils avaient réservé un wagon de TGV en entier pour nous tous et nous nous rendions à Montbéliard. J'étais très heureux de partir voir du pays.

— Alors, Landry, pour ton repas, saumon ou poulet ?
— Saumon ou poulet ?
— Oui, saumon ou poulet.
— Alors euh ….. poulet.

Finalement, on s'est trompé et j'ai eu du saumon. Mais tant mieux. Je me suis demandé d'où ils ont sorti toutes ces dizaines de paniers repas. Je me suis posé la même question pour les bouteilles d'eau quand ils nous les ont distribuées. Je n'ai quasiment pas parlé jusqu'en gare de Montbéliard. J'ai regardé le paysage défiler par la fenêtre. Mon voisin Romuald de Coubron n'était pas resté à sa place, il est vite allé jouer avec les autres.

Notre descente du TGV a été filmée. Nous n'avions pas droit à l'erreur parce que le train ne s'arrêtait que

pour quelques petites minutes. Dans la jolie gare de Montbéliard, on a filmé notre arrivée bien sûr, mais aussi notre retour, comme ça c'était déjà fait. Du coup, on nous a donné la consigne de remettre les mêmes vêtements pendant le dernier jour de tournage.
Un nouveau car nous attendait avec un nouveau chauffeur. La production, à part nos nounous qui ont pris le car avec nous, montait dans de belles voitures de location. On nous a déposés à l'hôtel. Les femmes dormiraient dans l'Ibis normal et les hommes dans l'Ibis Budget : Du bruit a envahi le car ; on entendait parler d'injustice, de déception, de mépris. Je ne cacherais pas que j'étais un peu déçu ; on nous payait que 500 euros une semaine qui nous ridiculiserait sur TF1 devant des millions de personnes et on nous logeait dans un hôtel discount de zone commerciale de bord d'autoroute ! La responsable de la logistique nous expliqua qu'elle n'avait pas pu faire autrement, qu'il n'y avait pas assez de places ailleurs, qu'il valait mieux laisser les meilleures chambres aux filles et que, de toutes façons, cet hôtel était très bien.
On m'a donné un papier contenant le numéro de ma chambre et son code d'accès. Ma valise y était bien disposée, déjà. En quittant l'hôtel de Paris, nous avions mis nos bagages dans un camion pour les trouver livrés à notre arrivée et cela m'épatait. Par la petite fenêtre je pouvais contempler le parking de l'hôtel, des

champs façon campagne de banlieue, et une sorte de grande caserne de pompiers. Ça me convenait parce que c'était dégagé.

Après peut-être une heure de tranquillité dans ma petite chambre discount gratuite, je sortis pour rejoindre le car parce que nous devions repartir pour tourner une dernière séquence. En passant dans le couloir, un membre du groupe de « conseillers » criait presque sur une nounou : « C'est quoi ça ! C'est du foutage de gueule (sic) ! Regarde la salle de bain, c'est pas une salle de bain ça, c'est pas possible ! Je peux pas dormir ici ! » Pour qui se prenait-il et où se croyait-il ?

Nous avons pris le car jusqu'à Héricourt dans le Pays d'Héricourt. On s'est moqué des goûts des commerçants, de leur mode d'un passé révolu pour les gens des villes. C'est là qu'habitait Carole. Nous sommes tous entrés dans son domicile. Ça devait être impressionnant pour elle d'avoir cette foule d'inconnus chez elle. Sa salle de bain était assiégée par la technique. Nous étions tous à l'épier. Elle rentrait de Paris et discutait avec sa fille. Et on nous a laissé leur poser des questions en nous rappelant qu'il fallait être respectueux. Sa fille semblait vraiment troublée, j'étais embêté pour elle. Toutes les deux tremblotaient.

Après l'intrusion à leur domicile, on nous a réunis dans une ruelle sans Carole afin de réaliser une discussion filmée dont la conclusion était que nous devions rencontrer ses parents.

Le soir, nous avons mangé à l'hôtel des filles, dans une salle juste pour nous ; le repas était bon. Quand j'eus bien mangé, je rentrai dans ma chambre en téléphonant à ma femme. J'appelai aussi ma nounou Félix pour savoir à quelle heure je devrais être prêt le lendemain matin. Tôt. Je me suis endormi très vite et bien, la journée avait été fatigante.

Chapitre 11
Le troisième jour

Le troisième jour de tournage était un mercredi. Petit-déjeuner continental de bon matin. Une fois que j'eus le ventre plein, je sortis rejoindre d'autres membres du groupe pour attendre les retardataires. Notre nounou montagnarde barbue nous a accompagnés de sa présence pleine d'entrain bien qu'avec des façons très parisiennes. Il nous a parlé de l'homme capricieux qui la veille avait parlé de l'attribution de sa chambre comme d'un scandale. Il a expliqué ne pas avoir compris pourquoi un tel comportement mais, ayant pris connaissance de lourds problèmes de santé de ce prétentieux personnage, il l'excusait. Parait-il, la salle de bain et le lit n'étaient pas adaptés à sa situation physique particulière. C'est pour cette raison qu'ils lui avaient finalement trouvé une chambre dans l'hôtel des filles. Est-ce qu'être malade rend légitime l'insulte ?

« Vous aviez exprimé le désir de rencontrer les parents de Carole, c'est ce que vous allez pouvoir faire ce matin ! »

Le car nous a déposés devant la maison, quelqu'un avait été désigné pour sonner :
— Bonjour Monsieur !
— Bonjour ! Répondit l'homme souriant, père de Carole.
— Nous sommes des amis de Carole et nous désirions vous rencontrer. Est-ce que vous accepteriez de nous accorder un petit moment ?
— Oui, vous pouvez entrer, mais à une condition : que vous quittiez vos chaussures !

J'étais tout à fait d'accord avec sa requête parce que nous étions une quarantaine au total à entrer dans leur séjour ! Mais bien qu'il fût le matin, ça sentait la chaussette. Je fus embêté quand ils nous filmèrent nous déchausser et poser nos souliers à côté de la porte. Ça sentait le programmé, il y avait des relents de format. Et je suis pudique.

Ils aimaient forcément leur fille de tout leur cœur, sinon ils n'auraient pas laissé entrer tout ce monde dans leur intimité. Quand je dis tout ce monde, je parle de la quarantaine de personnes pour le tournage mais aussi des millions de téléspectateurs potentiels. Quel courage !

Ils nous ont parlé de Carole avec émotion. Ils nous ont parlé de leur fille courageuse, qui a toujours été plus mature que les autres, qui n'aimait pas aller à l'école mais qui était très douée. Ils ont fait allusion à un événement assez grave dont Carole nous parlerait. Ils nous ont expliqué qu'ils avaient mis du temps à comprendre comment le poker pouvait être important puisqu'ils l'avaient toujours associé aux vices. Pour eux, un jeu de hasard ne pouvait pas être une passion et un travail. Petit à petit, ils se sont penchés sur la question et ont compris que ce jeu est plus complexe que cela et qu'il apportait du bonheur à leur fille.

Le car nous emmena à nouveau à la salle des fêtes de Héricourt. Cet endroit rien que pour nous, avec deux lignes de tables : une pour les conseillers, une pour la production. Un traiteur nous servait en cuisine une sorte de repas que je n'ai pas pu manger. Depuis quand met-on un tas de mayonnaise sur le taboulé ? Depuis quand met-on tellement de farine dans la sauce qu'elle a un goût de sauce à la farine ? Moi, je sais ; depuis qu'il y a un mauvais traiteur à Héricourt ! En tout cas, il ont une jolie salle des fêtes là-bas.

Après avoir mangé, nous sommes encore montés dans le car. Un car spécial qui ne donne pas mal au cœur. J'ai parlé un peu avec le chauffeur qui m'a appris que le bolide avait coûté plus de deux cent cinquante mille euros. J'étais étonné : plus d'un million et demi de francs ! Nous nous sommes garés à l'entrée d'un bois et devions attendre que l'équipe technique soit prête. Comme d'habitude, nous ne savions pas bien ce qui allait se passer. On nous a informés que ce serait la dernière séquence de la journée.

Carole était présente, il fallait encore la suivre. « Compactez-vous ! » Nous fîmes quelques allées et venues, Carole s'assit sur un banc, nous formâmes un arc de cercle devant elle et nous pûmes lui poser des questions. Il y avait toujours les mêmes grands bavards. Certains l'étaient par nature en toute innocence et d'autres l'étaient pour être remarqués, c'était flagrant.

Carole a répondu patiemment à nos questions. Elle tremblait. Elle ne nous cachait rien mais n'en disait pas beaucoup ; jusqu'au moment où peut-être la production lui a dit que ce serait le moment. Elle nous a alors raconté le viol qu'elle a subi de plusieurs hommes quand elle était adolescente. Je ne peux pas dire que j'étais vraiment surpris, mais j'étais choqué. Est-ce que j'étais choqué par le fait qu'elle eut été violée, que le viol est une abomination destructrice qui ronge l'humanité ? Sûrement. Mais à ce moment-là, cette semaine-là, j'étais choqué parce qu'il y avait trois caméras et deux micros, que ça passerait sur TF1, consultable par des millions d'individus. Si une personne de ma propre famille avait fait cela, exposer sa vie intime à la populace, je n'aurais pas accepté. Alors pourquoi participais-je à un tel système ? Parce que Carole n'est pas de ma famille ? Non, je ne voulais pas y participer, je n'étais plus d'accord. Je ne voulais pas souffrir d'hypocrisie à être participant de ce que je réprouvais.

Elle nous a parlé aussi de sa personnalité et ses désirs que sa famille ne comprenait pas et n'acceptait pas. Nous lui avons parlé de ses parents qui l'aimaient et qui semblaient mieux la comprendre quant au poker depuis peu de temps. Ils l'aimaient et faisaient des efforts pour la comprendre. Elle nous a parlé de sa sœur. Elle nous a parlé de sa tentative de suicide que sa sœur n'avait pas acceptée. Toutes les deux semblaient vivre dans le silence, s'aimant, ayant été très fusionnelles avant la catastrophe mais dans la confusion depuis.
Selon moi, être compris est aussi important que d'être aimé. Il y avait un grand malaise entre ces deux sœurs parce qu'elles ne communiquaient pas sur les sujets qui les avaient blessées.

Même en de telles circonstances il y en avait dans l'équipe qui trouvaient à fâcher. Par exemple, cette fille qui jugeait ma vie privée. Mais ce n'est pas ce qui m'a le plus choqué. C'est quand elle a demandé d' « arrêter de poser des questions stupides » à une femme du groupe. Les caméras tournaient pourtant, et elle insinuait clairement que la personne elle-même était stupide, par son ton, sa gestuelle, son regard, et tout ce qui fait de la présence. La personne outragée lui a demandé du respect et lui a fait remarquer – pas d'une manière des plus subtiles mais c'est ce qu'elle a fait – que sa manière n'était pas celle d'une personne intelligente – ce qui était vrai. La méchante fille lui a répondu exactement ceci : « J'ai 134 de QI, moi ! (…) Au moins j'ai le QI mais toi t'as que le Q ! » Bon, l'autre a répliqué « Mais au moins le mien est propre », donc elle s'enfonçait. Elles ont continué un peu, c'était peu intéressant, pas d'amusement à en tirer. J'étais choqué par ce que je venais d'entendre – et le suis toujours ! Pas que leurs fesses soient propres ou sales, pas que l'une ou l'autre soit vraiment plus intelligente que l'autre, mais le « moi, j'ai 134 de QI ». Comment peut-on avoir 134 de QI et le vomir sans dignité ? Quelle vulgarité ! J'aurais été moins choqué qu'elle prouve l'état d'hygiène de son derrière.

Avant de rejoindre le car, on a fait encore quelques prises de notre ballade dans les bois ce qui m'a permis de marcher dans une crotte de chien. On m'a informé que, le soir, je passerais en interview. Je me tenais à l'écart. Je ne comprenais pas comment le reste du groupe pouvait continuer à croire qu'il aidait Carole en participant à cette émission qui prenait pour moi l'apparence d'un carnage.

À peu près une heure après notre retour à l'hôtel, j'ai été en interview avec Catherine. Je lui ai expliqué ce que je ressentais, à quel point j'étais mal à l'aise de participer à ce déballage de vie privée, que j'étais encore là parce que j'essayais de respecter le choix de Carole mais que c'était très difficile. Elle m'a alors raconté qu'elle avait déjà vécu de telles circonstances et qu'elle s'était demandée comment il était possible de faire de telles choses. Mais, en fin de compte, elle a réussi à comprendre que ce qui peut paraître grossier entre pour certains dans un processus de guérison. Carole avait fait un choix et même si on n'était pas d'accord avec celui-ci, pour elle, il était certainement important. Je suis sûr que Catherine était sincère. Avec ses mots, elle m'a gardé au sein du groupe de conseillers. J'espérais seulement qu'à la réalisation tout serait parfaitement mis en œuvre pour le respect de chacun. Finalement, l'interview s'est bien passée. Je ne m'en souviens plus bien, juste de la fin, parce que Catherine m'a demandé pourquoi je riais facilement. C'était une bien bonne question ! Je riais si facilement pour rendre les choses plus douces, et pour préserver la distance qui empêche d'être submergé par les difficultés de la vie.

La soirée dans le meilleur restaurant du coin (c'est ce que je croyais jusqu'à ce qu'un ami de Montbéliard me prouve le contraire) nous a fait beaucoup de bien à tous. J'étais à une table de gens vraiment remarquables, honnêtes, humains, libres. Je me sentais bien avec eux. Nous étions pourtant tous si différents : une institutrice tatouée de la tête aux pieds avec des têtes de morts, un homosexuel conseiller financier et conseiller municipal de gauche, un bisexuel dans l'événementiel qui soutenait l'UMP, une bisexuelle du sud-ouest tatoueuse autodidacte très douée qui se tatoue elle-même, une retraitée paysanne qui tient un langage vrai, une autre retraitée très droite et courageuse prête à porter sur son dos le fils d'une montagne, un pompier solide, tout doux et sensible à la fois, et une jeune homosexuelle rieuse et légère dont j'avais senti la douce présence dès les premiers instants du premier soir lors de la réunion d'introduction. Ce fut une bonne soirée.

Chapitre 12
Le quatrième jour

« Comme vous l'avez compris, quand vous désirez quelque chose, vous l'obtenez. Hier soir vous vouliez rencontrer la sœur de Carole, alors nous allons voir la sœur de Carole. »
Le car nous a déposés dans un village voisin. Il pleuvait et nous devions tourner des scènes d'allées et venues dans la rue. On distribua un parapluie à chacun. Il y avait ceux qui le portaient contre l'épaule incliné derrière eux, ceux qui le portaient n'importe comment, ceux qui le portaient très haut et ceux qui le portaient très bas. En fait, c'était dangereux pour les yeux et absolument pas pratique pour marcher en groupe. Mais on nous demandait : « Compactez-vous ! Compactez-vous ! »

Arrivés devant le domicile de la sœur de Carole, nous dûmes déposer les parapluies à côté de la porte mais pas enlever nos chaussures cette fois-ci, alors que celles-ci étaient mouillées.

Face à nous tous, elle écoutait nos questions et tâchait de bien y répondre. Je la trouvais forte par son honnêteté, j'en entendais beaucoup râler qu'elle était frustrée dans la vie et jalouse de sa sœur Carole - ce qu'elle avouait elle-même ! - Je trouvais que nous étions intrusifs, tout cela manquait de tact.

Nous parlâmes, avec cette dame mère de famille bien rangée, des cicatrices causées par les blessures de jeunesse. Mais elle était d'accord pour faire des efforts afin de comprendre Carole et accepter ses choix. On sentait bien les tensions qui les écartaient, mais aussi fort que l'amour qui les unissait. Une chose était sûre : Elles s'aimaient très fort. Quand elles étaient enfants, elles passaient du temps ensemble et étaient très liées bien que très différentes. Puis l'une d'elle, un jour, a essayé de partir loin de cette basse terre ; et depuis, rien n'arrivait à être comme avant.

À midi, soit la production avait agi, soit c'est le traiteur qui tout seul a vu une lumière : le repas était beaucoup moins mauvais.

Il nous fallait revoir Carole pour faire le point et en savoir plus. Une bonne réunion de famille pour bien secouer les branches et crever les abcès afin que tout soit clair et que l'apaisement les touche enfin était nécessaire, concluions-nous en privé.

Nous étions à nouveau chez elle, autour d'elle, à la questionner, à lui faire des suggestions. Elle tremblotait toujours. Cette femme forte, qui faisait de la radio, qui jouait au poker, qui affrontait le jugement d'une trentaine d'inconnus tremblotait. Jusqu'à cette après-midi, nous en savions beaucoup, beaucoup mais pas assez. Elle nous apporta le dernier élément qui nous permit d'être encore moins durs dans notre jugement. Parce que, Carole, au lieu de te plaindre, travaille ! Ne nous fais pas croire que tu ne peux pas t'occuper des vieux dans ta campagne ! Ne nous fais pas croire que tu n'as pas assez de volonté pour être commerciale ! Ta volonté, ce n'est pas nous, tu n'as pas besoin de t'exhiber devant des millions de personnes pour trouver un boulot !

Mais Carole nous apporta un élément qui manquait pour notre bon jugement : Elle était malade. Elle souffrait d'une maladie qui l'empêchait de marcher sans avoir mal. Elle nous expliqua que nous l'avions sans doute vue trembler. Ce n'était pas par peur, timidité ou inquiétude mais c'était dû à son syndrome que la médecine commence à reconnaître.

Alors que nous écoutions Carole, la « voyante » est venue me demander :
— Tu es marié, Landry ?
— Oui.
— Depuis combien de temps ?
— Attends, je compte. Alors : 1, 2 …
Et pendant que je comptais les jours, elle se retourna pour railler : « Eh ! Landry est marié et il doit réfléchir pour savoir depuis combien de temps ! »
Après que je lui ai répondu que ça faisait six jours, elle trouva à nouveau à m'irriter : « Ça fait six jours que t'es marié et tu quittes déjà ta femme ! » Et elle est allée voir ses copines pour leur annoncer cette grande nouvelle : « Eh ! Landry, il est marié depuis six jours et, vous savez quoi ? Eh bien il quitte déjà sa femme ! » Il y avait dans son annonce de la figure de style de magazine à sensation. Je quittais déjà ma femme et ça laissait entendre que je tournais l'émission loin d'elle bien que tout nouvellement mariés, mais aussi l'on pouvait comprendre facilement que j'étais déjà en train de rompre avec elle ou bien même de la tromper !

Elle a essayé plusieurs fois de m'interroger encore. Je lui ai demandé de se taire en ce qui me concernait et j'ai ensuite fait comme si elle n'existait pas.

Chapitre 13
Le cinquième jour

On nous a annoncé que cette journée serait plus tranquille. Nous avons encore pris le car mais pour nous rendre à Belfort cette fois. Nous sommes descendus au bord de la Savoureuse et, à part un canard mort découvert par Ronald, l'endroit était très beau. Nous fûmes filmés en train de traverser le pont avec les moyens habituels : deux caméras épaulées, une grue, deux micros perchés. Nous avons dû recommencer plusieurs fois parce que certains ne réussissaient pas à comprendre que les caméras nous filmaient quand nous riions, que les micros nous captaient quand nous parlions et que ce n'était pas le moment. Après de nombreuses prises, nous avons encore recommencé mais cette fois filmés par un drone pour une vue aérienne. Il m'était déjà difficile de ne pas regarder les caméras au sol alors maintenant qu'il s'agissait d'un magnifique petit monstre volant qui bourdonnait au-dessus de nos têtes, je ne sais pas si ça se verra à l'image, mais j'ai levé mes yeux bien des fois.

Nous sommes ensuite remontés dans le car qui nous a déposés plus loin dans Belfort, à côté d'un parking, devant le grand lion de pierre, où nous attendait le petit-train pour nous transporter jusqu'à la statue de Bartholdi. J'étais très content de voir que l'accès coûtait habituellement sept euros et que j'en profitais gratuitement – loin d'être libre, mais quand même ! Nous avons suivi Carole, toujours filmés par toutes les sortes de caméras, recommençant des prises à cause des bavards, et on nous répétait : « Compactez-vous ! Compactez-vous ! » Je ne savais pas que marcher pouvait devenir si compliqué. Parce que l'on nous demandait d'être bien serrés et de respecter la vitesse de Carole. Mon pas est habituellement très rapide sinon je dois regarder partout autour ou alors je m'ennuie. Je m'ennuyais, mon esprit était côté régie, à imaginer comment rendre intéressantes toutes les captures auxquelles j'avais participé et je me rendais compte qu'il était possible de faire quelque chose de beau. Mais aussi, il était possible de nous donner une image de héros tout comme une image de guignols. Je me rassurais toujours par « C'est bon Landry, tu vis une expérience extraordinaire, tu respectes ton contrat, tu prends l'argent, et voilà ! »

Chapitre 14
Le sixième jour

Le sixième jour était un samedi et le dernier du tournage. Nous avions encore à nous concerter et nous mettre d'accord sur les conseils que nous apporterions à Carole avant le soir. Pour moi, les éditorialistes et le reste de la production maîtrisaient tellement bien les possibilités et les éventualités qu'il n'y avait aucune raison de s'inquiéter.

Vous vous souvenez de la salle blanche ? Cette fois, nous nous retrouvions dans une salle noire. Sol, plafond, murs, chaises étaient noirs et un ballon comme un lustre lumineux nous éclairait. C'était agréable, ça changeait des projecteurs puissants habituels. Nous étions assis en cercle et devions discuter afin de trouver une solution pour Carole. Nous étions sensés avoir un seul but commun : aider Carole. Malheureusement, certains étaient là pour se montrer, d'autres oubliaient vite et leur égo les poussait à parler plus fort que les autres. Ce qu'ils avançaient pour un grand nombre d'entre eux était soit farfelu, soit d'une logique telle qu'il n'était même pas utile de l'exposer et l'accord commun n'en était que repoussé.

— Il faut qu'elle fasse croupière !

— Elle ne peut pas faire croupière à cause de sa maladie !

— Elle a dit qu'elle aime aider les autres ! Elle ne gagne pas d'argent en faisant cela ! Il va falloir qu'elle comprenne qu'elle peut plus aider gratuitement, elle va devoir se faire rémunérer pour ça !

Ils s'aboyaient dessus, certains se levaient pour mieux s'imposer. Quand j'eus envie de prendre la parole, ce fut impossible. Je levai la voix en demandant « s'il vous plaît ! Je n'ai presque pas parlé jusqu'à maintenant ! » Mais rien ne changeait. Un membre du groupe s'est levé pour se placer au milieu du cercle. Je me suis alors levé à mon tour et, alors que je m'approchai de lui, il me poussa jusqu'à ma place en me disant « Retourne à ta place, retourne à ta place ! » Je le laissai me remettre à ma place, mais une condition était rangée dans ma tête : « Je reste à ma place s'il retourne à la sienne ! » Quand je fus de nouveau sur ma chaise noire, il regagna le centre du cercle pour continuer ce qu'il avait commencé, c'est-à-dire une sorte de discours très pauvre de très mauvais leader. Peut-être qu'il pensait avoir du charisme avec sa taille moyenne de brun normal qui fait de la gonflette et porte un accent du sud. J'étais stupéfait par tant de stupidité. Je me levai alors et lui rendis la pareille. Je le poussai jusqu'à sa chaise mais avec le sourire et en reprenant ses mots : « Retourne à ta place ! Retourne à ta place ! » Il s'énerva mais j'insistai jusqu'à ce qu'il rejoigne sa place. Après qu'il l'a regagnée, je retournai immédiatement à la mienne. Et les animaux de la jungle se sont remis à aboyer. (Oui, les babouins peuvent aboyer). Quand j'en eus vraiment assez d'être spectateur de ces pitreries, je quittai ma chaise et me dirigeai vers la première porte par laquelle nous étions entrés mais, à mi-chemin entre elle et ma chaise, j'entendis quelqu'un de la production me signaler « Non Landry, l'autre porte ! l'autre porte ! » Je fis alors demi-tour pour me diriger vers « l'autre porte » et vis deux masses sombres avec petit point lumineux rouge. Les deux caméras épaule étaient braquées sur moi ; on me filmait en train de quitter la salle !

Je buvais de l'eau à la fontaine quand des nounous sont arrivées.

— Comment tu vas Landry ?
— Je vais bien.
— Tu es sûr ?

— Oui, je suis là donc je vais bien, ce serait le contraire si j'étais là-bas.

— Ça va ? Me demanda le chat de Rueil qui arrivait.

— Ça va, c'est juste que je n'avais pas envie de rester…

— Pas envie de rester avec des animaux, je sais, continua-t-il.

Julien, le réalisateur, arriva aussi, marqua une pause, me regarda dans les yeux et me dit, avec un geste de la tête indiquant à la fois de l'empathie et de la conviction : « C'est bien Landry, c'est bien. »

Peut-être que c'est une invention de mon imagination mais j'ai ressenti dans son « C'est bien Landry, c'est bien » plusieurs sous-entendus :

Le premier concerne la bonne façon avec laquelle j'ai quitté la pièce. Sans fausse modestie, mon départ était un message clair, propre. Je n'ai insulté personne, j'ai attendu avant de partir, j'étais très tranquille au fond de moi, juste choqué que l'on puisse être aussi animal même devant des caméras, sans amour propre avec un égo protubérant, un « je » proéminent.

Le second était un tout petit peu de compassion avec pas mal d'approbation, de la compréhension.

Le troisième était de me rassurer.

Le quatrième était de me signaler que mon acte était vraiment bien pour une émission télévisée, qu'ils l'attendaient peut-être et que je l'avais enfin réalisé.

En tout cas, j'avais fait ce que j'avais répondu au casting :
« Comment agissez-vous dans un groupe ? Êtes-vous plutôt leader ou plutôt influençable ?

— Peu influençable. Si un groupe ne me convient pas, je le quitte, et qui m'aime me suive. »
On m'a dit que j'avais eu raison de partir. On m'a dit que j'avais bien fait de remettre le jeune homme musclé à sa place. On m'a dit ça plusieurs fois, des gens bien m'ont dit cela spontanément. Cela m'a fait beaucoup de bien au cœur.
Quelques minutes après avoir rejoint ma chaise noire, j'entendis : « Ronald est parti. » Je regardai et vis qu'il nous avait quitté en retournant sa chaise. Après la pause qui avait suivi mon départ, la réunion avait recommencé dans le calme. Je croyais que cette situation heureuse continuerait, je croyais qu'ils comprendraient qu'il ne fallait plus perdre de temps à lui trouver un nouveau job, à l'orienter vers des services sociaux, à rappeler que non, elle ne peut pas être croupière et que c'est une idée stupide. Ils ne parvenaient pas à se taire et à comprendre que nous étions là pour aider Carole en lui donnant avant tout de l'amour et de la compréhension, pas lui payer un fauteuil roulant au cas où sa maladie dégénérerait et pas lui acheter des bidons d'eau au cas où elle aurait trop soif un jour ; mais peut-être qu'un genre de solution simple,

humaine et logique était trop difficile à concevoir par une femme qui, par exemple, comme celle que j'ai mentionnée un peu plus en amont trouvait peu acceptable que Carole aime aider autrui sans rémunération en retour.

Pendant cette seconde session de vacarme, j'entrepris de communiquer avec le groupe. Je ne le voulais pas vraiment mais il fallait que je le fasse. Il y avait là-dedans une forme d'autodéfense. Je levai la main, fit des signes en demandant « s'il vous plaît ! » Surtout, je ne devais pas demander la parole trop fort, la force était leur outil, je devais emprunter la douceur. J'ai demandé plusieurs fois « S'il vous plaît ! » Mais « s'il vous plaît » étant un peu court pour être repéré par les taupes criardes, alors je me mis à allonger mon phrasé : « Je n'ai que très peu parlé jusqu'à maintenant. Excusez-moi. S'il vous plaît, est-ce que je pourrais vous parler un tout petit peu ... » Petit à petit, de l'attention me fut accordée et, quand je commençai à partager mon sentiment, un silence me fut décerné, je parlais et l'on m'écoutait. J'ai bien sûr entendu rire un peu, un rire qui s'est caché quand je l'ai regardé et je l'en remercie. J'ai juste expliqué que Carole avait besoin d'être reconnue pour qui elle était, soit un être humain qui a beaucoup de valeur, qu'il fallait lui faire comprendre qu'elle n'avait plus à douter, qu'elle pouvait avoir confiance en elle et que nous étions vraiment présents pour elle. «Et parce que nous sommes tous de milieux différents, que nous représentons tous ensemble la société, nous ne rendons peut-être pas compte de l'impact qui sur elle peut offrir chacun, à son tour, avec quelques mots sincères de compassion et de considération. »

Après quelques autres prises de parole beaucoup plus calmes, l'assistant-réalisateur nous annonça que nous arrêtions là. Nous retournâmes à l'hôtel pour manger et, entre le dessert et le repas, un petit groupe de quatre personnes sélectionnées par la production furent « briefées » en secret dans une salle close. C'est dans le car avant d'aller rencontrer Carole pour la dernière étape que tous les conseillers ont appris que ces quelques personnes allaient parler à Carole au nom de tout le groupe. Certains ont approuvé et d'autres ont vivement dénoncé un manque de « démocratie ». J'étais personnellement satisfait par le choix qui avait été fait ; il était juste et cohérent, chacun représentait bien chaque grand groupe qui s'était formé dans l'équipe. Mon représentant était Richard et j'étais fier d'être représenté par une personne honnête, droite, empathique, solide et sensible à la fois et qui n'a pas honte de porter un nom qui lui-même porte le nom de Dieu.

On nous fit monter à l'étage d'un bâtiment de la municipalité. Là, nous dûmes encore tourner des allées et venues, puis former un arc de cercle autour d'une table de jeu où Carole et deux autres hommes étaient soit-disant en pleine partie de poker. Une fille de nos quatre représentants avait été désignée, toujours par la production, pour demander à Carole de bien vouloir s'entretenir avec nous :
« Carole, nous sommes venus te voir cet après-midi parce que nous avons besoin de te parler. Est-ce que tu veux bien nous accorder quelques minutes, s'il te plaît ? »
Les yeux de Carole ont brillé. Elle ne jouait pas l'émotion, elle était vraiment émue, ça sautait aux yeux, l'annonce que nous voulions lui parler était l'introduction d'un moment important qu'elle attendait avec impatience. On nous a tous fait descendre afin de paraître seuls avec elle.

Le message qui lui était adressé était simple. Ils lui expliquèrent qu'elle savait très bien au fond d'elle-même ce qu'elle devait faire. Elle ne devait pas douter de sa force, elle était remarquable et un exemple de courage. Il fallait qu'elle soit tranquille, qu'elle prenne le temps de discuter avec ses parents et sa sœur, que le passé cesse de ronger son présent.
Carole a pris la parole à son tour. Elle a expliqué que nous ne nous connaissions pas vraiment - nous trente

et une personnes réunies qui ne pouvaient pas communiquer librement – mais que pendant toute cette semaine, elle s'était sentie accompagnée, beaucoup de choses s'étaient passées en elle. Nous l'avions beaucoup aidée à comprendre où elle en était, elle allait essayer de suivre nos conseils. Elle avait besoin de savoir qu'elle avait de la valeur, elle avait enfin repris confiance en elle.

Une femme alla prendre Carole dans ses bras. Un autre y alla à son tour. Une autre ensuite. Les micros se sont retirés, les caméras se sont arrêtées ; la séquence était terminée. Les téléspectateurs ne verront jamais à l'écran que chaque membre de l'équipe de « conseillers » est allé voir Carole (sauf deux ou trois qui n'étaient là que pour eux, et honte à eux !). Les caméras étaient rangées, je me sentais libre. Je pus approcher Carole, lui expliquer que j'avais mis beaucoup de temps à comprendre pourquoi elle faisait une telle chose ! C'était tellement frais que j'éprouvais encore du ressentiment. Elle acquiesça. Elle nous avait raconté son grand désir d'aider autrui. Je venais de comprendre que sa démarche de participer à ce programme entrait dans sa démarche d'aide. En racontant son histoire, en expliquant ses difficultés, en étant soutenue par les trente conseillers tellement différents, elle faisait une chose beaucoup plus respectable que de nourrir la moquerie, la curiosité, le voyeurisme de la populace ; non, elle soutenait et offrait courage, espoir, de la force pour parler à des personnes abusées et à des personnes malades. Je l'ai eue dans mes bras, et je sais maintenant que cette femme est belle. Et cette dame possède en elle une enclume.

En fin d'après-midi, nous avons accompagné Carole chez ses parents. Sa sœur était présente. On nous a laissé partir, filmés par la caméra grue, sans entendre « compactez-vous ! », non, « dispersez-vous ! » nous pouvions marcher libres et heureux.

Chapitre 15
Le septième jour

Le dimanche matin, j'ai dit au-revoir à ma petite chambre de Montbéliard. Plus de caméra, les nou-nous étaient toujours gentilles, le travail était terminé. J'étais tiraillé entre l'envie de rentrer à Paris pour rejoindre ma femme et l'envie que cette aventure ne s'arrête pas.

En prenant la ligne 1 du métro, seul avec ma valise, je me rendis compte à quel point cette semaine m'avait empli d'une énergie spéciale. Je me sentais moi-même, je me sentais bien. J'étais heureux. Parmi d'autres, une chose m'a apporté beaucoup durant le tournage ; je ne me suis pas senti traité comme une star, non, mais comme une personne importante.

Chapitre 16

C'est étrange, ennuyeux, pervers, quand même. Quand j'écris des événements de ma vie, je suis sûr qu'une partie de vous, même petite, attend un partage de choses intimes. J'ai été très pudique dans ce livre comme dans ma vie. Une partie de vous aurait aimé que je mette des noms sur qui je raconte du mal, que je raconte des histoires croustillantes en rapport à d'autres vies privées. Je suis allé déjà trop loin. J'ai frôlé la grossièreté en en disant déjà trop. Ce sont ces deux petites parties de vous qui aiment des programmes de télé-réalité, les ragots, ou les «peopleries». Il y en a qui luttent contre ces parties de soi, d'autres n'ont pas besoin de se combattre parce que ces parties sont minuscules car jamais nourries. Parce que ces parties grandissent au fur que nous les nourrissons. Si j'avais raconté qu'avec Nathan nous chantions des chansons dans lesquelles il fallait mettre du gravier dans les fesses des enfants, que Nathan m'avait choqué en essayant de faire une gorge profonde avec une saucisse de Strasbourg, que j'ai vu des photographies pornographiques sur internet prises par mon père, que ce dernier a volé devant nous dans un supermarché ? Je n'ai pas raconté qui de ma famille a été abusé sexuellement, qui a été violé ; il y en a dans ma famille, il y en a dans trop de familles, il y en a peut-être dans la vôtre sans que vous le sachiez. Je n'ai pas raconté ma première pénétration vaginale avec une inconnue à Paris passage Brady. Je n'ai pas raconté quand je voulais être cambrioleur, prêt à séquestrer des gens, mais façon Robin des Bois, et que j'avais une liste et déjà fait du repérage, ni que j'ai volé des pièces de dix francs à ma mère pour acheter des cigarettes. Je n'ai pas raconté qu'une âme généreuse m'a prêté de l'argent pour la création de ma maison d'édition et que je n'arrive pas à lui rendre parce que j'ai déjà emprunté, que je ne m'en sors pas et que la Banque de France s'occupe de mon dossier, et j'ai honte de cela, je voudrais me cacher dans un trou à cause de cela. Je n'ai pas raconté la fois où j'ai hurlé au scandale dans une banque, jetant les documents sur la banquière et quittant l'agence avec un discours sur la réussite économique de la stupidité face aux clients gênés. Je n'ai pas raconté chaque fois que j'ai supporté des coups de genoux.

J'aurais pu trouver tout un tas de choses croustillantes à placer dans ce livre pour le rendre plus attractif ; excusez-moi mais je ne l'ai pas fait. Il y a en nous une partie intelligente, fine et subtile, qui comprend par les sous-entendus, lit entre les lignes, se gorge de notions et voit comme grandes les choses qui sont petites, soit ! mais éternelles.

Chapitre 17

Après que des magazines en ont parlé, la production nous a annoncé l'annulation par TF1 de l'émission à laquelle j'ai participé. La chaîne a donc fermé des espoirs de quelques conseillers qui comptaient passer leur message. Carole, qui s'était retrouvée en difficulté à cause d'un producteur dans le poker qui lui avait donné de faux espoirs, a été nourrie à nouveau de déception par la première chaîne de France.
Alors bien sûr, nous avons connu une expérience exceptionnelle, logés et nourris. Mais ne pas occulter l'insulte ! Laquelle ? La pire ! Le mépris pour les pauvres. Combien ce pilote avait-il coûté ? J'ai lu que TF1 avait racheté les droits d'exploitation de ce programme, elle a dû ensuite payer la production dont le but est commercial, donc de réaliser des béné-

fices. Qui sont les premiers clients de TF1 ? Ce sont les pauvres pauvres de France. Comment ça, ils n'ont pas d'argent ! S'ils ne regardaient pas, il n'y aurait pas eu d'annonceurs pour payer 1 milliard 679 millions d'euros en 2013. TF1 méprise le pauvre.

Maintenant, j'attends la naissance de mon fils. Je ferai de mon mieux. Nous ne pouvons pas être parfaits, nous sommes sur terre, mais nous pouvons faire de notre mieux. Je vous ai parlé en mal de mes parents, mais mon cœur ne condamne pas quelqu'un qui fait de son mieux. Ma grand-mère m'a enseigné que l'on est vraiment adulte quand on a pardonné à ses parents. Et je me souviens quand, au casting, on m'a demandé s'il est possible de donner une seconde chance. Bien sûr, le pardon doit être accordé à toute personne qui regrette et qui fait de son mieux.

Une personne à haut potentiel intellectuel m'a parlé de son syndrome d'asperger. Je pense que la douance n'est pas la seule raison de mes difficultés d'adaptation à ce monde. Le décalage intellectuel me met à part, mais je dois mettre au clair et peut-être au jour ce qui me demande tant d'effort pour être en société. Si cette dernière pouvait construire avec moi, après tous mes efforts, je serais heureux de lui déclarer : Société, maintenant tu m'acceptes et nous sommes enfin réconciliés ! ».

J'ai la possibilité maintenant d'être fier de moi. J'éprouve quand même souvent du stress au travail, je me sens mal et dois me rassurer parfois quand je suis dans une grande salle qui peut rappeler un milieu scolaire, je crains terriblement l'autorité et sens une pression extrême et imaginaire quand mon chef peut m'observer. Mais ce n'est rien ! Encore peu de temps et ce sera passé. Je ferai des études supérieures. Peut-être qu'un jour je pourrai aller à la piscine sans problème, ou même danser en public.

Ce qui est très grave quand on fait du mal à un enfant ou à un adolescent, c'est qu'on lui fait du mal pour toute sa vie.

http://les-tribulations-dun-petit-zebre.com/

http://planetesurdoues.fr/

Un albatros !
2e édition
ISBN : 978-2-918542-11-7
Dépôt légal : été 2015

Indiesis éditions
6 rue du Coq Français
93260 Les Lilas
www.indiesis.com

©Landry Mestrallet

www.ingramcontent.com/pod-product-compliance
Lightning Source LLC
Chambersburg PA
CBHW031446040426
42444CB00007B/1003